U0035781

自信

Confidence

李意昕◎編著

一本專為全天下女人寫的自信書

原書名：自信──女人最好的化妝品

前 言

　　妳還在奉行「要抓住男人的心，首先要抓住他的胃」這句「經典」名言嗎？妳還在因為長輩們喋喋不休的教誨做一位「賢妻良母」而埋頭苦練廚藝嗎？

　　或許妳並不覺得美味可口的飯菜就能夠牢牢的拴住男人，但妳仍然將時尚雜誌中新的「愛情忠告」奉為「聖經」──「記得在浪漫的日子裡來一道獨特的料理，真正來自千里之外的純正義大利麵，親手烘焙的甜蜜情人蛋糕，回味悠長的醇厚紅酒，還有千萬別忘了小巧可愛的餐具，閃爍跳躍的小小燭光。用餐過後，如果能捧出妳驅車兩個小時才買到的新鮮無污染草莓，那一切都完美了。」總而言之，就是要讓理想中的「他」享受到帝王般的待遇。於是，在這不斷的狂轟亂炸般的「教導」下，無數女人作繭自縛，為了成為男人眼中的「好女人」而拼命學習，她們學習廚藝、學習女紅、學習化妝，也學習性感，自以為這樣就能夠捕獲自己的幸福。然而，事實果真如此嗎？

　　恐怕很多女性都會大惑不解，她們做的往往比人們教導的更好，可是「白馬王子」對她們的殷勤彷彿不以為然，幸福也正在逐漸遠去。相反，男人們卻被那些對他們「冷眼相待」的女人深深吸引，他們毫不在

意對方的冷漠，為了伊人一笑而大獻殷勤。

　　這似乎是一個令人費解的論調。然而略加推敲，卻不難發現其中緣由：過分殷勤和遷就的女人會讓男人覺得她缺乏大腦、盲目，或者她是一個太渴望嫁出去的女人，甚至兩者兼有。總之，她沒有把自己放在一個自珍自重的位置上，於是，男人們也難以避免的輕視這個女子，失去了對她的尊重，也就喪失了與她親近的願望。

　　相反，一個自信的女孩永遠不會給人留下任何自輕自賤的印象。她肯定自己的價值，她認為自己值得對方去愛。她不會為了遷就對方而拋棄自己的喜好，她追逐自己獨立的生活，她不依附人，不祈求憐憫，只以最平等的心態去對待愛情。於是，妳驚訝的發現，她也許只會做簡單的飯菜，偶爾還是糊的，可是男人依然會死心塌地，覺得那是世界上最好吃的東西。為什麼？因為男人之前付出了大量的精力，他付出的越多，就越會珍惜。何況，女孩的自信讓她覺得自己是珍貴的，她的自重感染到男人，男人也會不由自主的覺得她是珍貴的，是值得重視和好好愛護的。

　　正如某位愛情專家所言：「女人重視男人的自信，男人也重視女人

的自信。愛情靠感覺，感覺分級別。缺乏自信的女人的感覺級別很低，即使長得再漂亮，也不會讓男人迷醉。」

或許此時妳會問：「我沒有漂亮的外表，無論是參與社交活動還是與異性相處，我如何能產生這樣的自信？這樣的魅力？」

是的，很多女人認為魅力是天生的，自己既不漂亮，也沒有魔鬼身材，更加缺乏眩目的包裝，所以只能終生與魅力絕緣了。可是，妳別忘了，大多數人其實都沒有完美的容貌和身材，也許妳相貌平平，甚至有點醜、有點缺陷，可是外在之美並非女性魅力的決定因素。智慧、修養和才華才是更持久的美容品。再退一步説，即使妳的容貌如何修飾也不能吸引男人迷戀的目光，即使妳還缺乏可以侃侃而談的修養和口才，但只要妳懂得自尊、自愛、自強，妳能夠用溫柔、善良、寬容去對待身邊的人和事，妳真誠的、積極的關心他人、幫助他人，妳能夠用堅強的微笑去迎接生命的一切磨難，那麼，妳就擁有了永不褪色的魅力。美麗容貌造成的激盪只會停留三秒，但自信心靈帶來的溫暖才會永恆的留存在男人們的心中。

所以，別再苦悶、別再徬徨，和我們一起揭開女性自信魅力的秘密

吧！真的，哪怕妳是一個非常平凡的女人，只要妳對自己、對生活充滿自信，在人生的舞台上，一定能煥發出專屬於妳的那份女性魅力與光彩。讓我們學會如何樹立自信，用自信征服男人，用自信贏得尊嚴，用自信得到愛！

Contents

第四章　自信使妳美麗

第五章　自信讓妳雋永

第一章

自信賜妳魅力

第1節　魅力女人小Test

　　先請各位LADY做下面的小測驗，請妳依次回答關於這68項陳述的態度，問題的答案分三種：是的、不是、不知道。在1~38題中，當妳回答「是」的時候，請給自己加2分；回答「不知道」時，給自己加1分；回答「不是」時，不得分。在39~68題中，當妳回答「是」的時候，不得分；回答「不知道」時，得1分；回答「不是」的時候，得2分。

　　這些問題要求妳按照自己的實際情況作答，請不要去猜測怎樣才是正確的回答或更好的回答。因為這裡不存在「正確」或「更好」的答案，也沒有捉弄人的問題，將每條陳述的意思看懂了就快速作答，不要花很多時間去思考。

　　每一條陳述都需要做出表態，不允許漏題。量表的作答無時間限制，但請不要拖延太長，也不要未看懂陳述的意思便作答。

　　Do you understand？請做好每道題的得分紀錄，在做完所有的題目之前請不要先看心理大師的解釋哦！ Ready？ Go！

1、我十分願意參加電視上的智力競賽節目。

2、我希望成為一名飛行員,駕駛著飛機翱翔於藍色的天際。

3、如果條件允許,我願意在公司的新年party上擔任主持人的工作。

4、我有信心在婚禮上成為最棒的新娘。

5、我曾經或我願意在婚禮上發表演說。

6、我是一個非常積極向上的人。

7、當我的意見和上級產生分歧時,我會和上級辯論,嘗試說服對方。

8、我願意與總統見面。

9、我認為「攻擊」是「最好的防守形式」。

10、我經常去夜總會玩。

11、我不介意朋友們看到我的裸體。

12、在穿過馬路時,我很有信心。

13、在天氣很糟的情況下,我還是會去坐渡船。

14、我有時會不講情面。

15、在與朋友們去冒險島遊玩時,我願意在鋼絲繩上行走。

16、在公車或人行天橋上看到有人行竊時,我會大膽揭發。

17、我願意從政。

18、我覺得我比大多數人聰明。

19、在漆黑的夜晚，我敢於獨自一人走過一片墓地。

20、我願意從事一項更危險、刺激的職業。

21、我有時會忽視交通警示牌。

22、開著車或騎著自行車穿梭於車流時，我很有自信。

23、我願意成為一名喜劇演員。

24、如果條件允許，我願意導演一部電影或一齣舞台劇。

25、我願意參加電視上的脫口秀節目。

26、我願意出現在現場直播的電視畫面上。

27、我在工作中居於負責任的崗位。

28、我願意承擔壓力沉重的金融工作。

29、在例假日或休息日，我會去裸泳。

30、在上學期間，我會面對欺凌弱小者。

31、我願意在一大群親朋好友面前獨唱一曲。

32、我喜歡成為眾人注意的焦點。

33、在足球比賽中，我敢於去踢決定性的罰球。

34、我願意成為雜技團或馬戲團的表演明星。

35、我是一名出色的公眾演說家。

36、如果我發現經理在工作中出錯了，我會大膽地糾正他/她。

37、我喜歡忙忙碌碌和熱熱鬧鬧地過日子。

38、我常常對朋友講笑話和有趣的故事。

39、我寧願獨自一人走很長的路，也不願意和一大群人一起走路。

40、我不是一位很好的聽眾。

41、與和一大群人討論問題相比，我更喜歡一對一的交談。

42、在他人的眼中，我是特立獨行，比較有個性的人。

43、我寧願安靜地祝賀我的生日，如果別人要為我舉行宴會，我不會特
別地高興。

44、我不認為自己能成為一名很稱職的人事官員。

45、當我說出可能會惹惱其他人的話時，我會比較擔心。

46、在長途汽車上，我通常不會主動與鄰座的陌生人交談。

47、我很堅強但不寬容。

48、我堅定地認為人們應當自立。

49、我在某種程度上是完美主義者。

50、我喜歡與人辯論。

51、我的心境常有起伏。

52、我曾無緣無故地覺得「真是難受」。

53、我常常為自己不該做而做了的事，不該說而說了的話而緊張。

54、我喜歡跳降落傘。

55、通常，我不能夠在熱鬧聯歡會中盡情地玩耍。

56、我是一個容易激動的人。

57、我常常為有罪惡感而十分苦惱。

58、通常，我寧願去看些書而不願多見人。

59、我沒有許多好朋友。

60、我不認為我是一個樂天派。

61、我覺得自己的生活很緊張，如同「拉緊的弦」一樣。

62、與別人在一起時，我的言語通常不多。

63、我時常會為我的健康擔憂。

64、我常常覺得人生非常無趣。

65、我常常為我的容貌而煩惱。

66、在遇到一次難堪的經歷後，我在一段長時間內還會感到難受。

67、當他人找我的差錯和工作中的缺點時，我比較容易在精神上受傷。

68、我不喜歡會見陌生人。

第2節　魅力女人大揭秘

　　親愛的，回答完所有問題了嗎？現在，讓我們來揭曉妳最想知道的結果——在陌生男人的眼中，妳是自信的女人嗎？不過，在這之前，請少安勿躁，還有一項小小的工作需要妳配合——請將剛才每道問題的得分加總。

總分低於55分

　　其實，對大多數人來說，他們天生都會對其他人感興趣，對自己周圍的人，尤其是異性抱有濃厚的興趣，希望瞭解周圍的異性並渴望與之交往。然而，妳的得分顯示，儘管妳也抱有這樣的意圖，但妳卻是一個害羞的人，而且喜歡保留自己的觀點。有時，當妳的確想要表達自己的觀點或者參加交談時，妳卻不敢這樣做，因為妳擔心別人的看法，尤其是周圍有好幾個人時。總而言之，妳是一個比較內向的人，缺乏自信甚至有點自卑心理，尤其是在陌生男人的面前。這也許是因為妳多少有些保守的性格傾向，或者是妳對自己的外表、自己的內在實力過於謙虛的結果。

　　當然，這並不是說妳絕對沒有那些開朗自信的女性有魅力。大多數男人都或多或少具有一點大男人主義的傾向，他們往往欣賞那種「含羞帶怯」的「小女人」。「回眸一笑百媚生」、「最是那一低頭的溫柔，恰似一朵水蓮花不勝涼風的嬌羞」，都是很吸引人的風姿。

但是，我們還是建議妳可以公正地評價一下自己所擁有的魅力，並且與那些比妳自信得多的女人比較，這樣對妳不無好處。透過這種比較分析，妳甚至會讓自己感到驚訝：「啊，我原來是如此出色！」進而會讓妳在今後更加相信自己的能力。

缺乏自信往往伴隨著交際緊張。妳在與他人交往，尤其是在與陌生的異性交往時，往往會表現出相當的緊張與不自然，而這些都會讓妳的個人魅力大打折扣。由於缺乏自信，妳不擅長也不習慣於表現自己，這會讓妳在一大群人中猶如一隻默默無聞的「醜小鴨」。而男人們是粗心大意的，往往缺少發現美的眼睛和傳遞美的神經。如此這般，大多數情況下，他們是不能發現妳的「白天鵝」潛質的。

所以，妳應當嘗試著讓自己更自信一些，發揮妳的潛能與魅力，要敢做敢為，不要瞻前顧後。

我的女孩，有時，妳應當讓自己在異性面前放輕鬆點。Take it easy, Don't be nervous.

總分在56~100分

妳既不是很內向也不是很外向，妳似乎在二者之間保持平衡，可以說是一種中庸的性格。儘管在大多時候妳喜歡安全

感，不喜歡表現，也不願意冒太多風險；但是總而言之，妳還是具有相當的自信，堅信自己可以接受一定挑戰。妳能夠平等而禮貌地對待周圍的人，因此也擁有很好的人緣，周圍的人都很喜歡妳。當面臨抉擇時，妳所具有的自信而不自傲的個性能夠幫助妳較為有效地權衡利弊，小心謹慎地做出決定。而這種沉著冷靜、從容不迫的知性女性形象近些年來是很受男性歡迎的。

但是有時，妳也會對自己的中庸性格產生質疑。妳希望自己能夠像那些極其外向、極其開朗、極其自信的人一樣善於交際。甚至有時，妳會為此陷入苦惱的境地。在這裡，要給妳的建議是：拿出妳所擁有的自信，相信原本的自己！妳是最棒的！

總分高於100分

妳的得分顯示妳是一個非常外向、積極向上的人。妳當然不缺乏自信，而且自信自己所做的任何事情都不會是錯誤的。妳總是千方百計、最大限度地實現自己的人生價值。妳極其喜歡party、晚會之類的活動，感覺在這種場合很容易周旋其中，大多數情況下，妳都是每場聚會的核心和靈魂人物。

這種性格的正面影響是，它能夠讓妳很容易地結交到各類朋友（當然包括異性朋友），並且，妳熱情、富於愛心；妳能夠認識到其他人在妳人生中的重要性，能夠設身處地地為他人著想，這為妳贏得了許多人的尊重與信任。同時，妳陽光般樂觀向上的處事風格，也很能感染和吸

引周圍的人。

然而，儘管許多人會敬佩妳的熱情和精力，但請注意留心過分自信的危險。妳應當注意不要讓自己顯得太愛出風頭，甚至傲慢自大。實事求是地說，大部分人，尤其是男人們對於「女強人」還是有一定敬畏心理的，他們會很佩服這些自信潑辣、不讓鬚眉的「女超人」，但佩服的同時會「敬而遠之」，並不願意與之深入交往。因此，妳最好將妳的潑辣外向與適當的謙虛、低頭相結合。在妳的性格中多注入一些溫柔的成分，這會讓妳看起來更有女性的魅力，因此，也會為妳吸引更多陌生異性的目光、為妳帶來更大的成功。

第3節　魅力法寶源於自信

做完這個心理測驗，妳是不是對自己的個性與自我形象都有了一個更為深入的瞭解呢？認真看下來，妳也可以發現一個事實，個性這個東西沒有絕對的好或不好。每一類人都有自己的發光點，也都有性格上不盡如人意的地方。從這個角度而言，妳是不是也應該挺起胸膛，做個自信的女人呢？因此，專家門診給妳提出最本質的一條建議──自信地接受原本的妳，然後，從生活的細節著手，揚長避短，讓原有的發光點更加光彩照人，讓惱人的瑕疵漸漸消失！

自信是現代女性處理兩性關係的一大法寶。這一點尤其體現在女人與陌生男人們的交往中。不知道大家是否聽說過「月暈效應」這個詞，它的主要意思是當兩個陌生人開始接觸時，前三分鐘的印象（即第一印

象）對於之後的交往十分重要。然而在這前三分鐘裡，一個陌生男人是無法透過太多途徑來瞭解面前的女性的，唯一的途徑就是這個女人所展現出的自我形象與氣質！而只有當一個女人能夠充分地接受自我、肯定自我時，在陌生異性的面前，她才能最充分、最自然地釋放自己的魅力。或許有很多人會說，害羞是女人的天性，因此大部分的女性在陌生男人面前都會或多或少有一些缺乏自信，話雖如此，身為現代女性，我們更需要認識到這是自身一大致命的弱點，它是阻礙人們積極交流溝通的一大障礙。害羞的女人們，我們更應該充分去認識我們為什麼會害羞、會缺乏自信的原因，進而一點一點地克服它。

一個女人在陌生的異性面前表現得缺乏自信主要與以下幾項因素密切相關：

一是自我意識過強。隨著年齡的增長，自我意識逐漸加強，敏感的女人尤其在意別人（特別是異性）對自己的評價，希望自己有一個「光輝形象」留在他人的心目中。為此，她們對自己的一言一行非常重視，唯恐有一丁點的差錯。她們過分注意自我，說話、做事要有絕對的把握才敢做，因此缺乏主動性。這種心理狀態導致了她們在與陌生異性的交往中生怕舉止不當被人恥笑，反而表現得不自然、心跳、靦腆、患得患失。不知大家是否看過《傲慢與偏見》這部小說？小說中所謂的貴族小姐們在舞會上缺乏自信、矯揉造作，使她們完全喪失了應有的迷人氣質。而女主角伊麗莎白則因其自信、爽朗、率真的個性反而吸引了「傲慢」的達西先生的關注。

二是自我評價太低。有些女性總認為自己沒有迷人的外表、沒有過

人的本領,只是能力平平的普通女性,因此她們在與異性交往中總覺得自己缺乏吸引力,毫無信心。而長期的謹小慎微不僅使她們體驗不到成功的喜悅,而且使她們更加不相信自己的能力。最終,這種低估自己的認知偏差形成了一個惡性循環,週而復始,讓她們沉淪於自憐的漩渦中,無法自拔。

三是在兩性溝通中曾有過挫折經歷。有些女性原本的性格開朗大方,充滿自信,與人交往積極主動。但由於複雜的主客觀原因,屢屢受挫,而變得膽怯畏縮、消極被動。例如,王小姐在學生時代曾是學校的「校花」,也十分擅於交際,但是,造化弄人,她的戀愛經歷卻十分不順利。在歷經幾次失敗的感情經歷後,她變得消沉了,開始懷疑自己,終日沉默寡言、不願與異性多接觸。殊不知正是這樣的自己,在陌生男人的眼中,儘管依然美麗,卻顯得沒有活力與生氣。

當然,以上這些主要是為了讓大家認清楚自身缺乏自信的原因所在。在下面的內容中,我們將從外表到內在,逐步地教會大家如何在陌生男人面前做一個充滿自信的魅力女人!

第4節　自信,由外而內的感覺

從本質上說,女人的自信是一種心態,然而在陌生男人的眼中,這種心態是顯現於外的儀容、舉止與處事方式。一般而言,內在的心態是根本,但內在是不易改變的,需要一個循序漸進的過程。而外在的儀容儀表則是較容易變化的,往往能起有竿見影的效果。因此,我們提倡由

外在的改變入手，透過改善女性的外表和舉止來重塑女性的迷人風姿，進而提升女性內在的自信心，充分展現女性在陌生男人眼中的誘人魅力。我們的口號是：自信，由外而內的感覺！

1、自信是「妝」出來的

所謂「佛靠金裝，人靠衣裝」。當妳穿上一襲漂亮的晚禮服，精心打扮後打算參加一場盛大的舞會時，不妨仔細看看鏡子中的自己，合適的衣著與妝容所改變的並不僅僅是我們的外表，它還能提高我們的自信，讓我們表現得像我們所穿的那樣迷人。既然如此，身為女人，我們更應該時刻在意自己的著裝打扮，讓我們的外表與內心都隨著著裝的改變而改變吧！這樣一來，不論是妳在自己眼中，還是在其他同性眼中，抑或是異性眼中，都會變得越來越有魅力。自然，在一大群人中間，博得陌生男人的青睞不再是件難事，要成為「眾目睽睽」的焦點人物更是易如反掌。

仔細想想，若是因為外表的隨便讓妳失去了他人的關注，失去了大好的機會，那樣的損失何等慘重！因為這個世界上沒有醜女人，只有懶女人！所以，收起自己平日的慵懶吧！甩甩頭髮，讓自己的心情隨著亮麗的外表重新出發。首先，學會如何保養肌膚；然後，學會如何搭配衣著；最後，適當的彩妝也是很重要的。如果妳覺得自己應當被別人（尤其是陌生的異性）重視，那麼妳首先就應當重視自己。就像當前不少成功口號中宣傳的那樣，好的「包裝」是成功的一半！

呵護肌膚的寶典

健康自然的肌膚是女人最大的吸引力，試想想，一個擁有健康光滑肌膚的女子，和一個肌膚乾燥粗糙的女子，誰會更受人親近呢？可以這麼說，美麗的肌膚是激發女人自信的第一步。

首先，記得要選擇純天然的護膚品進行美容和保養，天然的護膚品比較純淨，不會有什麼不良反應，而且像中醫上常用的胡蘿蔔、當歸、人參、靈芝、花粉、珍珠粉、鹿茸、胎盤、牛乳等的萃取物都含有豐富的氨基酸、維生素以及天然保濕因子等，效果相對而言更好。

除了護膚品的選用，作息習慣的調理與心境的調整對於擁有水嫩肌膚而言也是十分重要的。首先，要保持充足的睡眠，千萬不可以熬夜。如果睡得不好，臉部的油脂會分泌得較多，臉色也會沒有什麼神采，甚至是灰沉沉的。其次，要保持均衡的膳食。皮膚光亮、健康，需要各種不同的營養素來幫忙，缺一不可，所以，在飲食方面也盡量注意不要挑食。尤其要重視綠色蔬菜與水果的作用。第三，要盡可能做到天天好心情。有一句廣告詞說「美來自內心」，也就是說透過心情的調節可以達到美容的目的。心理美容就是透過疏導與暗示，讓人心情愉快、精神飽滿、氣血運行順暢，臉部和全身肌膚細胞的代謝正常進行，面容也富有光澤和彈性。

最後，我們還需要糾正一下當前女性護膚的幾個錯誤觀念。第一，每週使用面膜1～2次已經算是極限了，如果一週使用面膜3次以上，

特別是那些清除毛孔污垢的面膜，在剝下的時候對角質層會造成一定的傷害，還會造成皮膚脫屑，這就屬於保養過度了。 第二，用洗面乳洗臉，乾性皮膚晚上一次就夠了。油性皮膚也只需要早晚兩次。要是在兩次以上，則會將必要的油脂和水分洗去，肌膚會變得乾澀。另外，平常只要保持基礎保養就足夠了，沒有必要使用太多的保養品。用多了反而會在皮膚上形成化學物質沉澱，容易起色斑。

衣著搭配的要訣

服飾的搭配首先要視場合而定，正式的場合不能著裝過於隨意，而休閒的場合同樣不要穿著太過正式。其次，衣服要與個人的體形、膚色相合。體形苗條一些的女性適合亮色、款式較為複雜的著裝；而體形偏胖一些的女性則適合暗色、款式簡單一些的服飾（直條紋的布料最為合適），這樣會讓妳看起來精神一些。膚色白皙的女性對於服裝的色彩似乎不用太講究，而膚色偏黃、偏黑的女性則注意不要選用暖色系的服飾（如粉藍、嫩黃、淡粉等），這樣會反襯得膚色更加黯淡。我們建議妳選擇黑色、白色與銀灰色等較冷的素色，這樣反而會凸顯出妳的氣質。最後，愛美的女人們，服裝與包包、飾品等物的和諧統一也是不能忽視的哦！

另外，還要提出的一點是：女人離不開香味。似乎女人天生就是香的尤物，香，是女人的先天魅力，香水，是女人最漂亮的服飾，也是女人勾魂奪魄於無形的秘密武器！所以，適度地噴點香水能夠讓妳魅力大增。但是，香味注意需要適度、柔和，切忌太過強烈，似有似無就恰到

好處了。

「畫龍點睛」的秘密

化妝，永遠記住將妝彩調勻是最基本的。要化妝就要認真仔細對待每個環節，因為「面子」是自己的。

粉底是彩妝的基礎，就像萬丈高樓平地起似的，打好粉底十分重要。中國人皮膚偏黃，在化妝時，可選擇有一點粉紅色的粉底，可以讓膚色更好看。但要注意的是，塗粉底時一定要把粉底均勻地塗在臉部，不要出現濃淡不均的條紋與斑狀現象。如果妳用的是粉底霜與粉底液，最好以海綿垂直輕彈的方式，這樣可以讓粉底和皮膚融合的更好，粉底也會比較持久。另外，東方女性的鼻樑普遍不是很高挺，化妝時為了使鼻樑看起來比較挺直，可用深咖啡色修容粉稍微輕刷鼻翼，但注意顏色不能太重、太深，否則從遠處看，臉上就好像多了一塊「色斑」，非常的不自然。上完粉底後，再用手指蘸著膏狀腮紅，淡淡地在顴骨處抹勻了之後再刷上蜜粉，最後，上和膏狀腮紅顏色近似的粉狀腮紅就可以了。

其次是唇膏與唇彩的選用。我們主張根據自己的膚色來選用比較適合的唇膏和唇彩。膚色比較白皙的女性，在選擇唇彩顏色時沒有太多的禁忌，冷、暖色系都適合。冷色系（帶藍色）的唇色，如紫紅、玫瑰紅、桃紅等，可以使人煥發出青春浪漫的神采。而暖色系（帶黃色）的口紅，如暖茶紅、肉桂色等，則會洋溢出成熟的優雅氣息。對於膚色偏

黃黑的女性來說，則可以
選擇暖色系中偏暗的紅
色，如褐紅、梅紅、深咖
等，這樣可以使膚色顯得
白皙透明。但要記住不要
擦一些淺色或含銀光的唇
彩，因為這樣的色彩會與
皮膚形成鮮明對比，本來
比較黯淡的膚色就更顯得
黯淡了。

　　最後是眼部的妝容，
眼睛是靈魂之窗，因此這
一部分顯得尤為重要。首
先，可以先用眉筆勾畫出
眉型，然後用細的眼影筆蘸點水，弄到半乾，再蘸上點眉粉或眼影粉，
順著眉毛的形狀輕輕刷過眉型即可。少量的水分可以讓眉粉更容易地附
著在妳的眉毛上。接著是上眼影。想讓眼影持久，首先得在眼影部位上
眼霜。然後用眼影刷蘸一點點水，將水擰乾，再蘸上眼影粉，以按壓的
方式上妝。這個小技巧同樣能夠讓眼影不會那麼容易脫落。然後是畫眼
線。眼線筆持久度不如眼線液，不過只要在用過眼線筆之後，在眼線上
再蓋一層眼影粉，就能夠使眼線更加持久了。最後是塗睫毛膏，塗的時
候注意不要在睫毛刷上蘸太多的膏體，這樣容易讓睫毛粘成一片，顯得
不自然。再告訴妳一個小小的技巧，塗完睫毛膏後再用睫毛夾輕夾一下

睫毛，它的捲曲效果將會更好哦！

魅力女人的八大禁忌

（1）不使用非自然色的眼影。不論是居家、訪友、赴宴或上班都要遵循這一原則，自然色的眼影才會增加妳眼部的和諧和自然美。

（2）身上首飾過多，或戴那種叮叮噹噹的首飾，都會給人浮華和俗氣的印象。

（3）香水味太濃會使人覺得妳俗不可耐。

（4）穿有污跡或掉了一個鈕釦的衣服出門，會被認為生活邋遢、隨便。

（5）穿抽絲的絲襪出門，無論妳的美腿怎麼修長，都失去了風度。

（6）穿跟太高的鞋上班，或者穿如赤足般的纖細涼鞋赴宴都不適宜，有失穩重。

（7）穿著領口開得很低的或其他性感的服裝，坐在辦公室等比較莊重的公眾場合，都會給人輕浮的印象。

（8）露出內衣，有意無意暴露出貼身衣物都不是性感的表現，反而會招致反感；穿透明衫裙和沒有襯的裙子，都是不雅觀的。

2、儀態萬千，自信滿滿

漂亮的儀表對於樹立女人的自信心十分必要，而一個女人的自信感還需要靠她的儀態、舉止和氣質來烘托。否則，再美的女人也只是一具美麗的空殼。所以，Please，follow me！一起來做個儀態萬千、充滿自信的氣質美人吧！

　　一個女人自信而迷人的儀態集中體現在她的站姿、坐姿和走姿上，我們常說的「站有站相、坐有坐相」就是這個道理。

優雅的站姿

　　優雅的站姿裡包含的學問千萬不可忽視。站得好，不僅讓妳看上去穩重，還能讓妳站得舒適。一般來說，正確的站姿是雙肩平衡，兩臂自然下垂，抬頭、挺胸、收腹，不要垂頭喪氣或彎腰弓背，不要顯出萎靡不振的精神狀態來。女士站著的時候還要注意雙腿併攏，而雙手則可以自然下垂，放在大腿外側；或雙手交握著置於身前。與男士會面時，所站的位置、與對方的距離都是有講究的。通常站得靠近對方一些顯得有親切感；但是當妳面對一個不太熟的異性時，站得太近反而不夠莊重，也會產生一種壓迫感。此外，女士們一定要牢記以下兩點：

第一、站立的時候身體不要前後左右地晃動，這樣顯得十分不雅觀。

第二、哪怕站得有點兒累了，也不要斜靠在門上、牆邊、家具或講台上。站得直才能顯示妳的自信和堅定。如果歪斜，看在陌生異性的眼中就有失氣質了。

　　尤其是在公共場合等車或等人時，站姿是最容易被我們所忽視的

了，因此，身為一個自信而風度的纖纖淑女，這時千萬不能放鬆對自己的要求。說不定這時正有無數陌生異性的目光投射在妳的身上，妳所展現出的形象到底是什麼樣的，這正是考驗的時機呢！

端莊的坐姿

坐姿是最能體現一個女性自信、優美儀態的動作。女士的坐姿是十分講究的。坐的步驟包括：

靠近椅子；

佇立一下；

保持上下身平直和平衡；

保持良好的姿勢，彎曲雙膝，有意識地降低身體。

首先坐在椅子邊上，然後利用腿肌或手把身體推向椅背靠著。

此外，還有三點是女士們在落座時要時刻注意的：

第一，膝蓋絕不能分開，小腿、腳踝也必須併攏。至於兩手的位置，若座椅有扶手則可以放在扶手上，顯得自信而自然；若沒有扶手，則可以雙手交握輕放於腿上。就座時，臉部表情應該放輕鬆，眼神自然地落於前方，不可四處飄忽。

第二，在一個陌生男人面前落座時，切記不可蹺腳、抖腳。

第三，若是椅子是有靠背的，有風度的淑女們也不應該把全部的身體重

量交給椅背。最佳的坐姿是保持身體略微前傾、腰背挺直，這樣既能顯示出對對方的重視，也能展示妳的自信神采。

輕盈的走姿

一個人走路時最容易犯的毛病是八字、彎腰與駝背。還有一些女士走起路來雙肩高度不一、雙手擺動過於劇烈，或者是拖著腳步前進的。由於這些瑕疵的存在，一些原本漂亮的女人也讓人覺得沒有精神。其實，只要平時肯留心、多做練習，走出女人的自信美並不是一件難事。

首先，走路時兩腳必須夾緊，身體挺直，雙手自然下垂，下頜微收，兩眼平視，走路時速度要適中，雙手自然擺動，步伐大小以自己的足部長度為準。

上下樓梯時尤其要注意步伐的輕盈、穩重。上樓梯時，要將整隻腳都踏放在階梯上，保持重心的穩定。如果只將半隻腳踩在階梯上，既不安全，還會造成上半身往上傾斜、臀部高翹的狀態，看上去像正在往上爬一樣，非常的不雅觀。上下樓梯的時候一定要挺直身體、目視前方，千萬不要低頭只看階梯，以免撞到來人，如果階梯窄小，那就側身而行。

還有兩點尤其需要注意：

第一，穿著高跟鞋的淑女們，走路時尤其要注意把腳步放輕，「呀、呀、呀」的鞋聲是很容易引人側目的，尤其是陌生的異性。它吸引來的往往可不是傾慕的眼光，而是鄙視的注目，因此一定要注

意不打擾到別人。

第二，有些女士在行走間會不經意地撥弄頭髮、拉扯衣角，然而這些動
　　　作都大大地破壞了女性走路的美姿美態。所以，自信而有風度的
　　　淑女們可要注意避免。

自信女人的「八大法寶」

（1）切忌表現得唯唯諾諾

　　別以為唯唯諾諾是溫柔的代名詞，它會讓妳在陌生異性面前顯得更
加缺乏自信、缺乏氣質。既然如此，如果妳希望自己在陌生異性的眼中
與「唯唯諾諾」這四個字絕緣，那麼，妳必須在說話中堅決擺脫以下四
大錯誤觀念：

★ 與一個陌生人初次會面時，讚美與表示贊同是必要的，這有利於拉
　進雙方的距離。然而，要講究讚美的藝術，不要讓自己說出的話像
　是在附和對方、討好對方——這樣，豈不是讓人有高妳一等的感覺
　嗎？

★ 避免在說話中使用太多的疑問詞、疑問句，以及表示不確定性的詞
　彙。因為在他人的第一印象中，這些尤其顯得妳不夠自信。一個對
　自己都持懷疑態度的人，自然不能給對方留下好印象。

★ 在與陌生的異性交談時要十分注意說話的語速，一件事、一句話想
　好了再說，不要急躁。態度和語氣上要堅定，音量要適中。不要使

用過多的語注詞（諸如「嗯」、「啊」之類）。

★ 尾音不要上升。因為尾音上升會給聽話者兩種錯覺：第一、妳是在提出疑問，而非陳述一項主張；第二、妳可能著急了或生氣了。

（2）出場亮相時做一個優雅的暫停

　　當一位自信而有氣質的女士進入妳的視線時，妳會有一種強烈的感覺：她來了！其實，她並沒有利用一些特別炫耀的方式來宣告她的到來，而只是用了一些小小的手段讓妳意識到：「我在這兒，我做好準備了，我知道我要做什麼。不管發生什麼事，我都能應付自如。」一個自信而成功的女性能夠將態度和行動有效地結合，當她出現時，能製造一個自信而優雅的暫停，給周圍的人一個深刻的存在感。因此，當妳進入一個公共場合（如會議室）時，千萬不要匆匆忙忙地，甚至偷偷地溜進去，試著在門口暫停一下，讓他人意識到：我來了！

　　在一對一的交談時，也要學會停頓。無論在什麼情況下，帶有策略

性的沉默都可以使妳更有力地強調重點，進而維持一種更有自信的形象。

　　暫停可以產生強而有力的影響力，它不但可吸引對妳的正面關注（尤其是陌生異性的關注），傳輸妳想送出的資訊，而且可以無言地宣佈妳的來臨，使妳看起來像是一位自信滿滿的成功女性，同時，它還能給妳留下放鬆的時間，讓妳好好地冷靜下來，平復緊張感。

（3）見面的瞬間露一個迷人的微笑

　　微笑尤其能讓陌生的異性注意到妳，也可以使自己及周圍的人為之感染、心情更加舒暢。有信心而成功的女士多是習慣於保持微笑的表情的。微笑的正面功能很多，如：

★ 可以把肯定自己和肯定他人的態度傳送給對方。

★ 可以把愉快的氣氛散播在身邊。

★ 可以奠定一個良好的人際關係基礎。

　　微笑是一針「興奮劑」，它能讓妳看起來更加輕鬆、友好、自信、開朗和容易相處；顯示給他人妳的好脾氣、幽默感和對生活的熱愛。

　　因此，無論妳是外向抑或內向，如果要給接觸妳的人，尤其是身邊的異性留下一個好印象，請記住，自信地亮出妳甜美的微笑吧！尤其是

在與陌生的異性初次見面時，更應當面帶微笑。這時的微笑至少可以向初次見面的異性傳達兩個資訊：第一，我是自信的；第二，我對妳的態度是友好的。

（4）與對方建立眼神的接觸

　　無論是與異性還是與同性溝通時，用目光凝視對方能傳達一種尊重、支持的資訊，好像在說：「我正在傾聽妳講的每一句話呢！」有效的視線接觸使妳看起來更為用心，用心地專注於別人對妳所說的話，讓別人知道他們是重要的，而妳正在聆聽他們。而這一切也會使妳看起來更有活力、更有自信。

　　女士們尤其在與陌生男士溝通時，想要達到良好的溝通效果，給對方一個完美的第一印象，就不能忽視用眼神與對方進行交流。而這時的眼神交流最好注意以下幾點：

★ 看著別人的整張臉，目光要自然、隨意，不要只瞪著他的眼珠子看。

★ 當別人說話時也可以看看他的嘴唇，它可以幫助妳更好地理解別人所說的話。

★ 持續的眼神接觸可能會造成一種緊張的氣氛，妳可以藉著思考對方的話或偶爾看對方的肩膀來故意避開視線，以緩解緊張的氣氛。

★ 在注視著對方的時候，可以適當地配合上妳甜美的微笑，並在這時

把視線逗留在他的臉上，這樣會使妳看起來更有魅力。

★ 無論是妳在微笑抑或不笑時，都要維持一種輕鬆自如的表情和有效的視線接觸。這些妳都可以在平時與朋友的溝通中多練習。這樣，在陌生男人的面前，妳才能運用自如。

（5）曼妙音質的魔力

要體現出自身的自信，保持優美、曼妙的音質很重要。一個女人的聲音就像是樂器一樣，一旦發出優美的樂聲，就能夠讓她很快地吸引到別人，尤其是陌生異性的目光。聲音也是讓妳成為擁有無窮魅力的利器。如果妳相信自己所說的話，這種態度會反映在妳的聲音上，妳的聽眾也會藉此感受得到。

其實，要擁有自信、優美、曼妙的音質並非難事，只要妳肯多留意妳說話的音量、速度與音調。

音量

有很多女性因為害怕男人們稱她們為「男人婆」而故意壓低音量，說話時不自覺地嬌聲細氣。然而，仔細想想，一個人說話的目的不就是為了要讓他人聽到嗎？況且，誰說大聲說話是與不溫柔畫上等號的，展現溫柔的方式不是壓低音量，平和、適當的音量才會讓人覺得自然親切。

速度

說話的速度比任何聲音特質都能反映出妳說話時的心態。如果妳說話時的語速太慢，就反映出妳對自己所說的內容或自身的能力沒有十足的信心。如果妳說話的速度太快，則又反映出了妳的焦慮心理（甚至會被人誤認為是歇斯底里），或者是妳害怕他人插話，而急於一口氣說完，這同樣反映出妳的缺乏自信。因此，女人必須保持適當的語速。

音調

說話時有好的音調，是一件能令聽者身心愉悅的事。每個人的聲音都可以分為以下三種不同的音調：一般音調、習慣音調與自然音調。不知從什麼時候開始，人們認為低沉的音調就代表性感，所以一些女性在說話時刻意將音調壓得很低，久而久之，就形成習慣了。其實，這種習慣音調聽起來反而不如自然音調那樣舒服，因為它是人為修飾出來的，不方便隨意調整聲音的大小以應對不同情境。

（6）維持頭部的平直

低著頭的女性給人的感覺是缺乏自信的、沒有安全感的，或是有挫敗感的。當一個女孩被上級排斥或被周圍的人排擠時，她往往是低著頭的。這樣看起來好像是一個受害者。而頭部歪斜在一邊，給人的感覺也好不了多少。妳絕不會在哪個企業的新年餐會上看到總裁夫人把腦袋歪斜在一邊。一個歪斜著腦袋的女人，讓人們覺得她是一個暈頭轉向的或

頭腦簡單的人。

　　無論是低著頭或斜著頭，給人的印象都沒有維持頭部平直時好。而當妳保持頭部平直時，妳看起來是那樣自信、那樣有影響力；就像一位精力充沛的勝利者。而且，這讓妳有一個較好的位置來正眼看人。

（7）讓自己的表情輕鬆自如

　　與陌生的異性見面時，要注意保持輕鬆自如的表情。這一點，對於增添女性魅力而言十分重要。那麼，如何讓人看上去擁有輕鬆自如的表情呢？下面，我們將提供以下幾點意見：

★ 注意不要無意識地皺眉頭。

★ 放鬆妳的下頜。

★ 放鬆妳的腿部和腳（千萬注意不要抖腳哦）。

★ 微張著嘴角略往上翹，臉面頰保持稍圓的形狀。

　　看，妳在看這本書時的表情就是輕鬆自如的表情，就像見到一位老朋友一樣。這時，妳給人的感覺是清醒、開朗、有自信、有活力的，而且對任何情況都已做好了應對的準備。

　　注意多在平時練習這種表情而使它成為一種習慣。例如，當妳在聽長輩說話時、在打電話時、在開會時……讓他人眼中的妳顯得輕鬆而有自信。很快，妳就會發現，這種表情是他人（尤其是異性）喜歡看的，

也最可能得到良好的回應。

（8）聊點什麼，什麼都行

和一個陌生男人單獨見面的場景可能是尷尬的。但自信的女人還是會勇敢而主動地開口打破尷尬的。既然彼此都不熟悉，那就隨便聊聊吧，聊什麼都行。哪怕兩人在十分鐘前才認識，至少可以說說相遇的那個地方。比如說莉莉吧，有一次，她在公園裡遇見一個帥氣的男孩，男孩主動邀請她打了一會兒羽毛球，然後他們又去了咖啡館小坐。如果兩人都沉默寡言，那次約會很可能就在沉默中消磨掉，也不會再有下文，然而感謝老天，幸好莉莉是個自信又聰明的女孩。她聰明的選擇了一個不會冷場的話題，他們剛剛相遇的那個公園，之後她又自然而然的講到了她在那裡遇見過的朋友們。沒多久，他們就發現彼此很聊得來，他們甚至還驚喜的發現，他們有著共同的朋友。從此，莉莉就這樣多了一個非常要好的朋友。

當然，有一點需要注意的是，和一個陌生男人初次會談時，聊天的話題也是有禁忌的，如私人情感、家庭生活等都不宜在初次見面時談及。

3、治本之道──自信的心理體驗

自信是什麼？自信追根究底是一種心態──一種感覺與對方平等的心態。正如男人們很看重權力一樣，地位也是很重要的。他們也會以地位的高低來決定和人打交道的方式。所以，要陌生男人們對妳另眼相看的第一步，就是要在心態上與他們平等。

要擁有平等的心態，妳必須從內心形成一些應有的認識，以此來提升自身的自信心、來建立起自己應有的地位。

★ 害羞並不是怕別人，而是怕自己

一般人都認為，在陌生人面前害羞是因為膽子小；害羞是害怕見到陌生人。其實事實並非如此。害羞的女士們，妳們並不是害怕別人，而是害怕妳自己：害怕自己會在陌生人面前穿錯衣服、說錯話、辦錯事。害羞的妳太過於重視自己，太過於重視他人對自己的看法，以致於會在陌生人尤其是陌生的異性面前掩飾自己，隱藏自己的感受。要克服害羞的感覺，必須將對自身的關注轉移到他人的身上。倘若妳對站在妳面前的人感興趣，而非一味地讓他對妳感興趣，妳或許就不會害羞、不會緊張；妳看起來就會更自信一些。

★ 妳害羞，別人其實也害羞

　　首先，妳應當認識到，害羞、缺乏自信並不是妳的錯，沒有人會因此而懲罰妳。因此，妳毋須耿耿於懷。第二，這個世界上並不是只有妳一個人會害羞。幾乎每個人都有害羞的時候，不管他們看上去如何自信，如何地世故，他們一定都曾經害羞、曾經缺乏自信過，只是訓練多了，慢慢就少了害羞，多了勇氣和自信。

★ 別人並不會太在乎妳

　　不少女性害怕面對一群陌生人，尤其是一群陌生的異性，她們怕被別人看見，以為所有的眼睛都在盯著自己看，評價自己的衣服是否得當，注意自己臉上的痘痘和雀斑。實際上妳要意識到，別人並不會這樣關注妳，他們許多人都在忙著自己的事呢！對妳的小小的不足或不當，別人才不會那麼關心呢！除非是妳的父母和好朋友，否則只有妳自己才會這樣關注自己。如此，妳就用不著擔心面對許多陌生人（包括陌生的異性）了，也不必因此而忐忑不安了。

★ 臉紅並沒有什麼了不起

　　有的女性在和陌生的異性打交道時容易臉紅，心臟怦怦地直跳，結果越來越慌亂，語無倫次，無法與人很好地溝通。其實，臉紅並沒有什

麼可怕的，它只是一種正常的生理現象，換一個方式來說，它只是體內的大量血液流向表皮的現象。通常，這種情況只會持續幾秒鐘。但臉紅時，人不容易冷靜下來；而我們越是恐慌，臉就越是要紅。這種感覺是很討厭的。現在，我們告訴妳一個小小的訣竅：這時，妳應當即時向別人提問——首先，妳可以藉著說話的機會緩解緊張情緒；其次，趁著別人回答的時候，妳就可以擁有一點點時間即時調整一下自己的情緒。

★ 要樹立「妳行我也行」的態度

　　我們在處理與他人的關係時，會出現以下四種情況：

　　第一種是「妳行我不行」：這意味著在他人面前自卑——妳交不到朋友。

　　第二種是「妳不行我行」：這意味著在他人面前自大——妳同樣交不到朋友。

　　第三種是「妳不行我也不行」：這意味著這個世界一片黑暗，了無生氣——妳根本不需要找朋友。

　　第四種是「妳行我也行」：這意味著雙方是一種平等的關係。這種態度也是積極上進的。這才是對人對己的正確態度。只有抱著這種態度，才能充分展示出個人魅力，才能交往到知心的朋友。

　　我們在與陌生的異性打交道時尤其要樹立這種「妳行我也行」的態度。如果妳自己沒有信心和勇氣肯定自己，又如何能讓對方來肯定妳

呢？這是很難辦到的，因為妳的表情會告訴對方：「我是一個很平凡、很無趣的人，你為什麼會和我交朋友呢？」

★ 覺得自己醜是一種不真實的感覺

　　有的女孩總覺得自己不漂亮，因此不願意與陌生的異性交往，怕沒有人喜歡自己：「我的臉是張典型的大餅臉」、「我的腿又粗又短，像大象腿」、「我的腰是水桶腰」。其實，在生活中擁有像模特兒那樣完美身材的人少之又少，大多數人都有或多或少的不足。既然如此，別人都能活得很好，妳又為什麼不能呢？

　　一般說來，漂亮的女孩在交往異性朋友時要佔一些便宜，但這並不是說，不太漂亮的女孩就交不到異性朋友。朋友是一種互動出來的結果，不是單方面努力去「交」就可以得到的，所以，朋友的多寡和是否漂亮的相關並不是太大，倒是與是否真誠待人，以及個人的自信魅力關係更大。有時，不太漂亮的女孩反倒能交到真誠的朋友，因為不太漂亮的女孩絕對是憑著內涵而交到朋友的。而這種內在魅力的吸引力才是一種持久性的吸引力。

第5節　自信，把他輕鬆擺平

1、夢中的情人，妳該如何展現魅力？

女人們往往有一個特點，越是在自己喜歡的人面前（尤其這個喜歡的人與自己並不熟），越是顯得手足無措。大多數女性在總結自己的上述表現時，都把原因歸結為一點：太緊張。面對夢中情人的他，女人們越想表現自己，就越不能把握住自己。結果平時伶牙俐齒的女人也變得詞不達意，甚至面紅耳赤、心跳加快。想想，本來想要給對方一個好印象，卻因為緊張而適得其反，那是多麼委屈的一件事啊！

面對意中人有緊張感的女性往往是擔心自己是否能引起對方的注意，對方是否也會喜歡自己？特別是一些缺乏自信、自我評價較低的女性更是表現得過分焦慮。在這種情況下，這些女性極力去控制自己的緊張感，企圖使之消失，在面對對方時對自己下著命令「別緊張」、「抬起頭」。事實上，這樣做的結果是緊張度加大。

因為，當妳在給自己下命令時，就等於在提醒自己，我是多麼的緊張。這樣會使原本緊張的自己更加全心的關注於自己的緊張感受，造成注意和感覺相互加強的作用，出現思維與行為的分離狀態。

在這種情況下有緊張感的女性，首先應該明瞭的一點是，幾乎所有人在面對不太熟悉的人或受到他人注目時，都會出現一些不同程度的緊張、焦慮反應，其實，這是一種常見的正面情緒反應，要知道，當人們有了適度的緊張感後，才不至於在陌生人面前放肆地說一些沒有透過大腦思考的話，或者是毫無拘束的、旁若無人地做自己想做的事，適度的緊張感帶來適當的陌生感，才能保持人際交往中起碼的禮貌禮節，才能讓人禮貌且認真的理解他人的談話意圖，並恰當地表達自己的思想。所以，在與陌生的「他」見面時保持適當的緊張感是必須的。

那麼，該如何應對過度緊張的情緒呢？本書認為自我接受的態度是最重要的。不要試圖與不安的情緒對抗，而是採取體念它、接受它、直抒它的方法。

第一：在與那個夢中的「他」見面時，妳可以採取直接向對方坦露自己緊張心情的方法，悶在心裡的緊張，還不如大大方方的說：「不瞞你說，我見到你之前，心理一直很緊張。」妳坦誠的自我暴露，不僅可以得到對方的理解和體諒，讓他感覺妳對他的信任和親切，同時也能夠很好的宣洩妳自身的緊張情緒，讓妳覺得輕鬆，這樣，妳的思維會更加清晰，語言表達會更加流暢，情感反應會更加真誠，能力的表現會更充分，也更能給對方留下一個好印象。

第二：在這種情況下出現緊張感的女性往往是對自己認知不當，自我評價過低。想要獲得對方的好感，首先就要肯定自己，沒有自信就沒有機會。在面對意中人時，許多人總認為對方是那麼的優秀、完美，而自己則有著或多或少的缺點，還沒開始交往，心理上便已處於劣勢。其

實，寶貝，冷靜地想想，人無完人，他也是有缺點的，只是妳對他並不熟悉，而且妳不過是人為地從心理上給他鍍上了一層光環。男女之間的交往與溝通是建立在平等的基礎上的，當妳努力地在他的面前想表現自己時，說不定他也在努力地想獲得妳的青睞呢！果真如此，有什麼可緊張的呢？

第三：當出現在有好感的陌生異性面前時，要想緩和自己的緊張情緒取得對方的好感，還應當去除一些雜念，認真分析自身和對方的情況，分析當前你們所處的環境，以及在這種環境下該說什麼話，有什麼行為表示。在真摯、坦誠、實在的情感基礎之上，本色的去表現自己吧，相信妳是最棒的！

當然，表達好感也是有竅門的，要想迅速加深與陌生異性的人際關係，可以巧妙利用「手語」來表達「表情」：

★ 手接近對方表示對對方有好感。

★ 應當常常將手放置在對方看得到的位置。

★ 握手或有禮貌地碰觸對方可以提升親密感。

★ 舒暢地展開雙手表示以坦誠的心情面對對方。

2、不中意的他，妳該如何禮貌拒絕？

有人說，拒絕男士的求愛是女士們一生中最得意的時刻了。其實事實卻不是這樣的。當我們得到所期望的求愛時，內心會感到莫大的滿足

和幸福，但當求愛的人不是自己滿意的或不能當作戀人來喜愛的對象時，我們卻會感到莫大的苦惱。苦惱的根源在於我們既想拒絕這一愛情表白，又怕傷了對方的心。生活中常見的「拒愛」方式有以下幾類：

一、羞惶無措型：

　　你，你，你怎麼能這樣？啊，不說了，羞死人了！

二、高傲趺扈型：

　　哼，癩蛤蟆想吃天鵝肉！也不拿面鏡子照照你那傻樣，啊呸！呸！！呸！！！

三、言簡意賅型：

　　你被拒絕了！

四、恐嚇威脅型：

　　你這個不自量力的傢伙，你難道不知道本姑奶奶是不近男色的嗎？勸你還是離我遠一點好。哼，否則……不怕死的就來試試！

　　很顯然，以上這幾類「拒愛」方式都是不恰當的，既傷害了對方的自尊，又暴露了自己內心的恐懼。當然，恰當地「拒愛」不是一件容

易的事；然而，不管多麼困難，不能接受的愛情總是要加以拒絕的。對於女士們而言，拒絕別人的求愛更是件不容拖延的事，只是，一定要懂得選擇正確的時間與方式：

（1）態度要堅決。拒絕難免會造成傷害，但猶豫不決只會讓傷害變得更大。既然是愛上妳的人，對妳的言行舉止都會非常的敏感，如果妳不能夠明確堅決的表明妳的態度，那麼很容易造成對方的誤解，這樣拖延下去，只會帶來比拒愛更大的傷害。

（2）盡力維護對方的自尊。拒絕對方的求愛必然會給他帶來一定的心理傷害，但如果能夠盡力維護對方的心理平衡，減少對方的心理挫敗感，那就能夠把傷害降到最低。在實際操作上，妳不妨先對對方的人品和才華等優點加以讚許，然後說明妳不能接收求愛的理由。說出的理由要合情合理，最好能夠提出對對方有利的方面，讓對方感覺妳是在設身處地的為他著想，是為了他好，同時要把消極原因都歸於自己，以免給對方造成一個妳單方面拒絕他的印象。

（3）選擇恰當的方式。可以針對你們雙方的性格特點採取不同的拒絕方式，冷處理、面談或者書信等方式都可以。但要注意的是，拒愛不同於求愛，不要洋洋灑灑的列上一大堆理由，這樣容易傷害對方的自尊心和感情，拒愛信應該簡明扼要，點明重點，只要表明了妳拒絕的態度即可。更重要的是不能夠採用託人轉告的方式，這樣明顯的不尊重人，而且在轉達時容易產生誤解，導致不必要的麻煩。

（4）選擇合適的時機。一般來說，不要在對方剛表白了愛情時立即加以拒絕，因為此時對方很難接受；但也不可拖延太久，給對方造成誤會。

　　當然，上述幾點都是拒絕男士的真心求愛時應該注意的；如果對方屬無理糾纏，則不需要給他留下情面了。

第二章

自信給妳成功

第1節　打好妳的那手牌──揮灑屬於自己的舞台

有一種女人，她們在都市的職場中久經歷練，她們獨立自重，優雅中帶著堅韌；她們精明豁達，幹練又不失風情萬種；她們聰慧靈性，在與男人的職場決勝中開創自己的一片天地。她們認為女人可以不漂亮，但絕對不可以沒有自信──倘若一個女人天生麗質，那麼自信可以襯托她的風姿卓越；倘若一個女人相貌平庸，那麼自信同樣能夠為她贏得尊重的目光。

女人的職業生涯，便是她在社會展示自己的舞台。真正有內涵的女人，如同一隻默默沉睡的蝶蛹，當她們被推到燈光耀眼的前台時，便會掙脫那層疊著白的束縛，伸展她們美麗優雅的身姿，從容地展示自己的光彩與風姿，釋放自己的光芒與魅力。一個自信的女人，才能夠揮灑屬於自己的舞台，吸引來自眾人的目光。

有一個女人，她是世界知名的超級名模，以美麗享譽全世界，同時，她又是世界上最年輕的王后，被譽為「阿拉伯世界的戴安娜王妃」，她，就是約旦王后拉妮婭。因其無與倫比的美貌與智慧頭腦所帶來的影響力，讓她成為整個阿拉伯世界乃至更遠地方的領導者。

的確，她美得驚人──優美細膩的臉龐、輪廓分明的五官、飽滿的唇、深邃的黑色眼眸、曲線優美的柔軟長頸，這一切都似乎是造物主過分偏愛的產物。更何況，她還是集萬千寵愛於一身的約旦王后，真主阿拉給她的獨有眷顧足以讓其他女人羨慕至死。

然而，大概妳還不知道，這位高貴的王后曾經是一位難民出生的職

業女性。幼時顛沛輾轉的生活鍛造出了她自信樂觀的天性，積極進取的個性令她對自身的實力有著不容質疑的信心。婚前的拉妮婭是蘋果電腦公司開發部的職員，有著相當優秀的工作業績。她的職業生涯給了她豐富的人生經歷和知識累積，讓她在阿拉伯政界遊刃有餘。她活躍在媒體、政壇之間，敏銳的思維、清晰的口齒，使她能在毫無準備的情況下就任何話題侃侃而談——這一能力使她升至全球魅力排行榜第一位，並迅速成為西方媒體的寵兒。連美國國會議員馬克·科克都連聲驚嘆道：「拉妮婭衝擊。」

堅定的意志、熱情的人生態度、認真的處事作風，這一切無不透出拉妮婭令人折服的自信。自信，讓女人的美貌錦上添花，內在美與外在美的完美結合定能讓女人在職場上放射璀璨的光芒。

有的女人不免自怨自艾：「國色天香、王室身分、強勢個性、幽默機敏、聰慧精幹、澎湃激情……這些，我統統沒有。白雪公主般的童話對我來說子虛烏有，我只屬於現實世界中的上班族——身著套裝、朝九晚五、沒有特長、沒有資本……」如果正在閱讀此書的妳也是這樣怨聲載道的女人，那麼，請妳牢牢記住：職場也好，情場也罷，公主永遠都是公主，這與血緣無關。就像金子永遠都會在沙礫中發光一樣，真正的

公主並不是用璀璨的珠寶和華麗的服飾所堆砌出來的，也許正如那被荊棘包圍的高高塔樓中沉睡的女孩，粗布麻服也掩蓋不了氣質上的沉靜與高貴。同樣的，縱橫職場，憑藉自身的個性魅力散發迷人的光彩，這就是自信，這才是風采。

那麼在職場上，怎樣建立自信？如何展現風采？無數女人的問題呼之欲出。首先，請妳捫心自問：

妳是那個已進公司三年以上，卻還不曾加薪晉升的女人嗎？

妳是那個老被淹沒在團隊之中，到現在仍然一文不名的女人嗎？

妳是那個不論是和男性對手競爭還是合作，都膽量不足的女人嗎？

妳是那個面對下屬的期待與依賴，卻在管理策略上亂了方寸的女人嗎？

如果是這樣，那麼每天清晨迎著朝陽醒來，妳該對自己說的第一句話就是：我有自己的優勢，我行，我可以！

半信半疑嗎？先別急著退卻或質疑，告訴妳一個事實：有調查指出，在對個人工作成績的影響方面，EQ的影響力是智商的兩倍，而在高級管理者中，EQ對於事業成敗的影響力是智商的九倍。相對於男性，女性的耐心、韌性在認識自我、控制情緒、激勵自己以及處理人際關係方面都有超越男性的優勢。毋庸質疑，這項調查為女人的職業生涯指出了一條光明大道！

認識到自己的優勢，便掌握了決勝職場的籌碼。環球雅思董事長張曉東，這個在職場上功績顯赫的女人，一語道破女人風雲職場的秘訣：

「身為一個女人，我相信女人就是女人，沒有必要做一個鐵女人，女人有自己的優勢，在最恰當的位置上體現優勢，就是最成功的。沒有過不去的火焰山，女人要學會忍耐和等待，快樂地接受成功與失敗。」

從心理學的角度來說，這就是認識自我、瞭解自我，只有如此才能夠達到自我統合，發揮自身的最大效能。

倘若在妳的前半生中，妳從未認真地審視自己的優勢與劣勢，長處與短處，那麼從這一秒鐘起，迅速行動起來吧！要明白，套上了「女性」這一特有的性別屬性，妳便擁有了一些與生俱來的優勢——妳是耐心的、堅韌的、溫柔的、敏銳的、感性的、迷人的、善良的……不要說妳不是這樣的，那只是因為在過去的時光裡，妳的這些特質潛藏了起來。在職場上，不要期望自己像個男人一樣剛強與鐵腕，記住，女人就是女人，發揮女人的優勢，就算不做一個「鐵女人」，也一樣能夠獲得成功。

想要在職場上有所建樹，就要自信地把自己的優勢發揮得淋漓盡致。一招一式，一點一滴，都能夠決定妳是否受到歡迎和賞識。

第一式——保持笑容：笑容可以傳染。真誠的微笑不僅能傳遞心裡的歡愉，而且能給辦公室裡的其他人帶來一天的好心情。在所有人看來，笑容可掬的妳賞心悅目，富有親和力。燦爛的笑容折射出妳的自信，它使妳的人氣指數一路飆升。

第二式——自我暗示：梳妝打扮的時候，妳可以對著鏡子裡那個嫋嫋婷婷的女人說：「我的皮膚很健康、我的笑容很可愛、我的生活

很美好。」上班的路上，迎著和煦的暖風，妳對自己打氣說：「天氣很好，心情也不錯，新的一天，新的開始。」下班回家，在華燈初上的夜色中，妳對自己鼓勵道：「忙碌了一天，幹得不錯。」心理專家告訴妳，透過這樣的自我暗示，能夠調節自我情緒，增強自身的價值感。

　　第三式——張馳有度：女人一定要謹記，成功不是一朝一夕的事，在事業上急功近利只能說明妳對自己的實力沒有信心。不慍不火地從容應對各種事務，有條不紊地經營自己的工作與生活，這才是一個自信的女人應有的態度。要給自己休閒的空間，合理安排好自己的生活，保持工作和生活的協調平衡。如此，生活不被工作所累，工作也不會扯生活的後腿，有序地規劃自己的人生，令人生一切盡在掌握之中。

　　以上三點就是讓妳建立自信、發揮優勢的基本要訣。下面，我們將

針對女人在職場中的不同位置進一步展開說明。

第2節　上司是山——仰視而不卑微

如果把上司比做高山，那麼，自信的女人會仰視山峰，但絕不會卑躬屈膝。要知道，在現代公司中，下屬不是單純依賴他們的上司，複雜的環境要求當事雙方相互依存：上司同樣需要他的團隊。這便是《哈佛商業評論》近年來討論得如火如荼的問題——「如何管理妳的老闆」。不過，女下屬要做到管理甚至駕御她的男上司，可得拿出十足的自信喔……

別把自己看得無足輕重

楊瀾是中國著名節目主持人，陽光文化影視公司董事會主席，2008年奧運會申辦委員會的形象大使，名列美國2001年《富比世》中國富豪榜排行榜前50名。她在《憑海臨風》中曾經寫到自己乘熱氣球的經歷：熱氣球的操作員能做的只是調整氣球的高度以捕捉不同的風向，而氣球的具體航線和落點，就只能聽天由命了。這正是乘坐熱氣球的魅力所在——既有控制的可能性，又保留了不確定性，所以比任何精確設定的飛行都來得刺激。「其實人生的樂趣也是如此，全在這定與不定之間。」這就是楊瀾的最深體悟。

事實正是如此，「定」與「不定」之間充滿了無限的可能。

誰敢斷言日後妳不可能是公司裡頭的高級主管？

誰敢肯定妳不是那顆沙礫堆中閃光的金子？

誰又有把握確信若干年後妳不會是媒體聚焦的成功職業女性？

妳能做得有多棒，取決於妳對自己的信心有多高。就算妳不是公司重量級的office lady，也絕對不可以認為自己無足輕重。要知道，很可能過不了多少年妳也是一個在螢幕上頻頻亮相的成功女人，很可能那時大街小巷都在談論著妳年輕時的奮鬥歷程，妳的照片被登上了《時代週刊》的封面，妳的崇拜者以妳為傲，追隨妳的記者總是把妳所到之處擠得水洩不通……

Everything is possible！未來總是有無限可能，就看妳對自己有沒有信心！

勇敢地承擔壓力與責任

在工作中，妳對上司是否用過這樣的藉口：

「我可以不遲到的，如果不是路上恰好遇到塞車。」

「我沒有相關的資料。」

「我沒有足夠的時間和人手。」

「我忙得抽不出身來。」

「那個客戶太蠻不講理了，我無法說服他。」

「我沒有按照您的要求將任務完成，是因為當時您交代得不是很清楚。」

....

其實，在每一個藉口的背後，都暗示著妳的懦弱。任何藉口都只是推卸責任的幌子。在職場上，上司不會因為妳是女員工，就放寬對妳的要求。要知道，沒有一位老闆會喜歡、重用一個沒有責任感的員工──女員工也不例外。

相反，自信的女人總是能夠勇敢地承擔壓力與責任。她不會以「這不是我分內的工作」為由來逃避責任。她會愉快地接受任務，堅信自己的努力一定可以讓大家眼前一亮；她會認真分析將要遇到的問題，仔細考慮應該採取何種行動來解決；她會注意在時間和行為方式上下工夫夫，排除一切外來的干擾，將精力集中在工作上面；她會即時透過學習來彌補能力上的缺陷，挑戰並超越能力極限。此時，她整個身心都在工作上面了，哪裡還有多餘的時間來考慮種種可怕的後果，並且迫不及待地為這些後果找藉口呢？

自信的女人，她可以讓不可能成為可能，她可以將所有的猶豫不安都拋諸腦後，她能夠把每一次壓力都化做不竭的動力，可想而知，她在職場上平步青雲不是指日可待嗎？

理直氣壯地說出妳的要求

蘇格拉底告訴我們：「誰想轉動世界，必須首先轉動他自己。」

想讓周圍的人認同妳嗎？想讓妳的上司重用妳嗎？那麼妳該明白，

一味默默地埋頭苦幹，甚至忍氣吞聲是不夠的，女人在勤懇工作的同時，還要善於捍衛自己的權利，理直氣壯地說出自己的要求。只有「轉動」起妳自己，才能夠讓世界肯定妳。

這是發生在普通薪資階層中一個真實的故事：

娟和婷是一起進公司的同事。進公司後她們幾乎每天加班，一週工作時間在70小時以上。實習期滿，讓她們翹首期盼的薪資並未落實，老闆的許諾沒有兌現，只是象徵性地增加了一些，而且這份額外的收入還是老闆在私底下給的。娟拿著比其他同事多幾百元的薪水，心裡有隱隱的優越感。但每天加班至深夜，卻又覺得為這點薪資不值，心裡有些鬱悶。

而婷在實習期滿後兩個月，就向上司提出了加薪要求，上司單獨找她談話後便把她的薪資漲到25000元。半年左右，婷再次找老闆，這一次薪資漲到28000元。6個月後，公司獲利大幅增加，員工們功不可沒，所以婷又單獨和上司談了，上司無論如何不願再加薪，於是婷拿出了同類型行業員工薪資資料給他，她的薪資就漲到了30000元。每次談話後，上司都特別關照讓婷不得聲張，否則

公司會大亂，對婷也沒什麼好處。

等到婷準備跳槽另謀高就的那一天，她才把箇中原委對娟和盤托出，娟這才萬分懊惱自己的「埋頭傻幹」，太不珍惜自己的付出了。

故事講完了，結論不言自明。記住，向上司要求合理的待遇絕不是難以啟齒之事，只要自信於自己的付出，妳就可以理直氣壯地說出自己的要求！

堅定不移地與他共同進退

自信的女人懂得欣賞她的上司，能夠在公司的危機時刻與上司風雨同舟、共同進退。當妳對上司的忠誠度在事實面前得到檢驗時，妳的加薪與晉升必將接踵而來。

管理學理論告訴我們，忠誠是上司對員工的第一要求。忠誠能夠孕育忠誠。當妳的上司也變得對妳很忠誠，一起工作就容易多了。於是，彼此的忠誠產生驚人的默契，互相的信任開拓嶄新的機遇，妳與上司形成的最佳組合將使所發揮的效能所向披靡。

當然，妳應當懂得如何判斷上司的才幹和水準。倘若上司不過屬於苛刻、平庸、狹隘之流，那麼，不必為之濫用「愚忠」，趕緊跳槽去吧！

第3節　同事是樹——依靠而不糾纏

　　妳要和他在辦公室裡朝夕相處，妳要和他在團隊中齊心協力，妳要和他在業績考核中一較高低，妳還要與他競爭升遷的機會。如何在辦公室中保持人氣？如何在同事間脫穎而出？接著往下看，我會告訴妳。

有味道的女人最受歡迎

　　職場中有一種女人頗受男性同事的歡迎，她們寬容豁達，但堅守原則；她們精明俐落，但絕不高傲自私；她們富有母性，但絕不過分親昵。寬容與感恩、自信與淡泊讓她們如此美麗。看吧，自信如斯，有味道的女人宛若一杯濃郁的香茶，越品則越有滋味。

　　千萬別因急於成功而讓同事覺得妳野心十足，因為野心是個嚇人的字眼，它會嚇跑願意和妳合作的工作夥伴。

　　千萬別因為殘酷的競爭而把自己包裹在職業表象裡，一味地用幹練和硬朗去與男人打拼，要知道，在同事的眼中，妳始終擁有「女人」這個性別身分。

　　世界名品路易‧威登的中國公關顧問趙曉靜告訴妳：「最好的女人是溫柔的女人。男人為什麼會喜歡女人，因為妳漂亮能幹，跟他們不一樣。上帝讓妳做女人，妳就好好地做個女人。一個女人每天很漂亮地來到辦公室，坦然、風趣、得體、細心、賞心悅目，他憑什麼不喜歡妳？女人如果老想學男人一樣強硬，那妳就徹底失敗了。因為妳只能做失敗

的女人和蹩腳的男人。」

　　即使是在工作領域，也要時刻明白，妳是一個女人。是女人，就要散發女人的味道，展示女人味的藝術，只有這樣，才不至於做一個「失敗的女人」和「蹩腳的男人」。只有這樣，在男同事的眼中，妳才是一個受歡迎的工作夥伴。

懂得分享的女人才有親和力

　　有一個公司的辦公室裡，掛著一個非常醒目的鈴噹，職員們把它叫做「銷售鈴」。每一個銷售員在拿到大訂單後，都會搖響這個鈴噹與大

家一起分享快樂。辦公室裡那位唯一的女銷售員每做成一筆重要的簽單，也會大大方方地像其他人一樣，一邊搖起「銷售鈴」，一邊感謝同事們的支持，盈盈的笑聲和清脆的鈴聲交相輝映，給所有職員帶來了一天的好心情。

如果妳打了一場漂的亮仗，應該讓周圍所有的人都知道，這並不是炫耀，而是分享。這樣一條金科玉律，對於女人，它的價值更是不言而喻。

自信的女人，從來不會讓自己在同事之中鋒芒畢露，最後成為眾矢之的的。相反，她深諳職場交際之道，又上一層樓時，她會與同事一起分享成功與喜悅；她不會獨自邀功，而是巧妙地致以謝意，把功勞歸於大家。其實她早已在內心深處確信，這樣的處理方式能夠讓同事心服口服。果不其然，在同事看來，她是一個心胸豁達的女人，一個周到平和的女人，她不貪婪、不自私，更不會看上去野心勃勃。如此，她還用擔心遭遇排擠，還用為同事間棘手的關係憂心忡忡嗎？

學會分享，將使妳在同事中的人氣指數直線飆升！

妒忌是毒液，讚美是甘泉

辦公室雖是彈丸之地，但流言蜚語卻可能此起彼伏，而其殺傷力之強簡直令人匪夷所思。謠言、誹謗、中傷，十有八九出於相互之間的妒忌。海涅說過：「失寵和妒忌曾經使天神墮落。」水樣的女人，本該如天使，美麗無瑕。可是女人的心胸一旦被妒忌充斥，即使她有著天使般

的臉孔，魔鬼般的身材，也會讓同事敬而遠之——一顆醜陋的心靈，時時妒火中燒，這樣的女人在同事看來，莫過於一隻攻擊性極強的雌性動物。

切記，妳可以有爭強好勝的心理，但絕對不可以讓妒忌的蠹蟲腐蝕妳的心胸。哲理詩人紀伯倫說得好：「妒忌我的人在不知不覺中頌揚了我。」其實，妳對同事的妒忌，只不過更加凸顯了同事的優秀，而襯托了妳的能力不足。妒忌，實在是一種令人得不償失的心理態度。

真正自信的女人，不僅對自己的事業成竹在胸，而且懂得對同事的成功抱以由衷的欣賞。她深信，她對同事的認同，也將換來同事對她的肯定與支持，她深諳「英雄惜英雄」的道理。她會在適當的時機，慷慨地給出恰到好處的讚美：「妳的企劃做得很棒，加油喔！」、「又簽了一筆訂單，幹得漂亮！」——這些讚美既不讓人覺得是誇張過度的阿諛奉承，又不讓人誤解成是肉麻兮兮的客套話。因此，自信的女人在同事圈中，總能使「芝麻開門」的咒語處處靈驗。

不即不離，有距離的辦公室

不即不離的狀態，最適合用於處理妳與男性同事的狀態。妳可以與同事在工作上齊頭並進，相互扶持；可以在辦公室裡與他一起分享一包零食；下班後可以一起去逛街，買了東西可以讓他替妳提著；甚至感情上的煩惱也可以和他訴說。一句話，妳完全可以忽略性別，把他當作妳的「粉紅男友」或「藍顏知己」。擁有這樣的友好同事，恰恰反映妳的

無敵魅力。

但是，妳該掌握好與他交往的尺度——畢竟，妳和他之間既是合作夥伴，又是競爭對手。

相信自己的判斷力，這是女人的直覺！不要把大事、小事全都向他和盤托出，上至對上司的評頭論足，對公司的忿忿不平，下至個人隱私，全都曝光在同事面前。倘若這樣，無疑在妳的身邊埋下一顆定時炸彈，沒事則好，一旦某天哪怕他是無意中出賣了妳，妳的大好前程就斷送在當初的口無遮攔中了。

還有一種情況，職場上的女人更要慎之又慎，這就是「辦公室戀情」。與男性同事摩擦出愛的火花，由此帶來一段浪漫纏綿的戀情，這可是要承擔莫大的風險哦！試想，雙方無論白天、黑夜都在一起，很可能會使一些小小的摩擦進一步激化。倘若感情超過了理智，十分不利於工作的開展——同在一個辦公室，很有可能涉及到利益方面的因素，到時該怎樣割捨呢？何況妳與他在工作中的競爭局面可能傷害到彼此的感情，很可能導致其中一人離開公司。

再好的感情也需要距離。在投入「辦公室戀情」之前，妳對可能遭遇的困境有足夠的準備了嗎？如果答案是否定的，那麼，還是在平日的交往中與他疏而不離吧！

第4節　下屬是水——溫和而不洶湧

妳走得多遠，取決於妳敢眺望多遠

職場上，女人最大的敵人不是別人，而是女人自己。妳不是做不到第一，而是不敢去想做第一。是妳自己不敢想成功，不敢幻想站在浪尖上，不想主動，不願做主。但其實妳並不是不能成功，也不是不能主動，更不是沒有主見。

戰勝自己怯懦的過程就是走向成功的過程，激起自己自信的過程就是走向遠方的過程。身為一個職業經理人，女人比男人更有耐心、更有親和力、更加無私、更加敏銳。毫無疑問，女人更可能成為優秀的職業經理人。

記住，妳在管理者的位置上走得多遠，取決於妳敢向前眺望多遠！

獨門秘笈：要鐵腕，更要溫柔

管理大師杜拉克曾告訴我們：「這種時代的轉變，正好符合女性的特質。」這可是學者們經過潛心研究所得到的結論，看吧，連科學事實都站在妳這一邊，妳不相信自己都難！

置身於辦公室之中的妳一定早已察覺，沒有人因為妳是女人，就給妳打開方便之門。到了今天，性別已經退到了相對次要的地位，決定妳身分、職位、薪資的是妳的業績。身為一個女上司，怎樣才能帶領妳的團隊走向勝利呢？怎樣才能讓妳的男下屬心服口服，甘願為妳赴湯蹈火呢？要鐵腕，更要溫柔，這已經成為女人叱吒職場越來越有力的獨門秘笈。

首先，妳要在男下屬面前樹立自己的權威。身為女主管，倘若妳只會對男下屬用軟功，苦口婆心，那他反而會看扁妳──優禮有加、處處謙讓，這種待人接物的方式可不是任何時候都奏效。因為如果女人與男人同樣採取一種溫和的管理方式，男上司的行為更有可能被積極地解讀，而女上司的溫和則往往被認為是沒有魄力的表現。所以，對待這類男性下屬，妳要拿出上司的權威，表現出妳的魄力，讓他感到妳可不是「吃素」的。

其次，千萬別強硬得讓人家說妳像個男人。溫柔與剛強並重，這才是女上司在下屬面前應有的風采。以下的例了便是告訴妳這個道理：

Jane是一家大型IT公司的副總，認識她的人都由衷的稱讚說，她是個非常幹練的女副總。在與她見面之前，大家都往往把她想像成一個

典型的女強人——古板的黑色套裝，剛毅、嚴肅，有著男子一樣的決斷力，可是見了面之後才發現，她實在不像傳統觀念上的女強人，她文靜、嫻淑，說話也是輕聲細語的，怎麼看也不像是一個掌控上千人的企業高層。這一切，都讓人很難相信她就是傳說中的Jane。

後來，一位採訪她的記者記載了以下的一幕場景：等待Jane的記者正好碰上了她在接電話，「造成了多少損失？」一陣短暫的沉默之後，Jane輕輕的開口了：「Andy，這件事情是你負責的，對吧？」輕柔的嗓音停頓了一下，接著說：「損失既然已經造成，再批評你也是沒辦法彌補的了，你和Jacky他們商量一下，看如何能把損失降到最低吧！今晚之前可以給我一個解決方案吧？」在等到了電話那頭的答覆後，她平靜的說：「好的，沒關係。」

記者很快就明白了，Jane的下屬在工作上一定出現了重大失誤，但看到Jane的反應，我們不禁要為她的言行舉止而驚嘆。此時，如果是個男上司的話，恐怕難免會因為著急而提高嗓音，嚴厲的批評訓斥下屬的失誤，甚至會毫無留情的免去下屬的職務。

不過，Jane並沒有如此做，在整個對話過程中，她語氣平靜、輕柔，但卻充滿著果斷和堅決的意味，她用了一種最平和也最有效的方式來處理這一問題，她以其女性特有的溫柔和細膩給下屬打了一針鎮靜劑，也換來了最好的解決方式。

至此，就算不採訪Jane，記者也可以很輕易的總結出她的成功之道了，「原來看似女人味十足的女性做事並不比男人差，而且她推崇的管理方式更是男人沒有的優勢：看似平和，但實際堅定果敢；聽著柔弱，

但又不失力量和原則。」這便是女性管理者的優勢所在了，能夠將女性的性格特徵融入到工作中去，就不失為一位聰明的管理者了。

給予妳的下屬信心，讓他助妳揚帆遠航

如果把妳的事業比做乘風破浪的航船，那麼，妳是指引航向的舵手，而妳的下屬則是助妳遠行的風帆。舵手要堅信自己對航向的判斷

力，更要信賴風帆，因為它能夠助舵手的航程一臂之力。

信心能夠創造奇蹟。對妳如是，對妳的下屬也如是。

對下屬沒信心是妳缺乏自信的表現。無論什麼事務，全都一股腦兒攬給自己身上，只能證明妳是一個愚蠢的女上司。如此耗時耗力，而且落了個「女獨裁」的名聲，實在是得不償失。倘若妳能充分挖掘

下屬的潛能，下屬現在不會、將來也不會是妳的累贅。關鍵是，妳要給他信心，給他機會，培養他、幫助他。一邊提升他的能力，一邊輕輕鬆鬆做個女上司，何樂而不為呢？

不要多心，不要害怕有一天下屬會超越妳的能力，蓋過妳的風頭，要知道，知人善用是對一個上司的基本要求。倘若因為狹隘的多疑與猜忌，而埋沒了能力不凡的下屬，那麼，妳的前程同樣也被多疑與猜忌葬送了。原因很簡單，身為一個管理者，妳連起碼的氣量和胸懷都沒有！

誰敢肯定在妳周圍那些看似平庸的下屬今後就不可能成就一番事業？信心能創造奇蹟！

給予妳的下屬信心，讓他助妳揚帆遠航！

與壓力共舞：珍藏妳的眼淚

成功學的創始人拿破崙‧希爾告訴我們：「自制是人類最難得的美德，成功的最大敵人是缺乏對自己情緒的控制。」

女人通常被看做是感性的動物，一旦敏感的神經被稍稍觸動，不聽話的眼淚便奪眶而出。久而久之，男人們便有了這樣的定勢思維：女人很容易用哭來要求想要的東西。

但在職場上，尤其是在下屬面前，這種女性化的情緒表現絕對是不能容忍的，即使妳遇到了天大的挫折或壓力。這一哭，也許會立刻得到同情，但這僅僅是瞬間的事。長此以往，妳的權威在不知不覺之中受到

了致命的損害,而且對妳的事業形象而言,也是有百害而無一利。在有些情況下,男人能接受某些女人的眼淚,但對一位主管卻絕對不能。

在下屬面前,自信的女人從來不會用眼淚來宣告自己的無助。妳可以在辦公大樓的天台上默默地迎風流淚,妳可以在黑暗的角落裡宣洩壓力之下的重荷,妳可以依偎著愛妳的男人盡情哭泣,妳可以抱著父母淚流滿面,但是,身為一個主管,妳卻務必要控制好自己的情緒。現在,教妳幾個控制情緒的小竅門:

對付壞情緒的最佳方式就是運動,建議妳每天早起半個小時做瑜伽、晨跑或是跳舞。

可以向朋友傾訴自己的苦惱，傾聽朋友的意見和建議。但切記，不可對妳的下屬傾倒苦水。

經常對自己進行心理暗示，一遍又一遍地告訴自己：我是最棒！我可以！我行！

還可以用妳喜歡的食品來緩解情緒，轉移壓力。

最後牢牢謹記：珍藏好妳的眼淚，這樣妳的下屬才會更加珍視妳的存在。

第三章

自信予妳風采

第1節 異性朋友：不可或缺的維他命

妳最願意和誰分享妳的快樂？

妳最渴望與誰分擔妳的痛苦？

除了家人與伴侶，妳的生命中最重要的還有誰？

當妳遇上了麻煩，不知該如何解決眼前棘手的問題時，妳會想到找誰去傾訴？

當妳在辦公室裡遭受排擠，一肚子的苦水急待宣洩，妳會找誰徵求建議？

當妳和男朋友的戀情亮起了紅燈，妳會和誰探討男友的想法和對錯？

沒錯，就是妳的朋友！

朋友一詞，通常都是男性朋友和女性朋友的集合。由於朋友不同的性別特質，相處起來的感覺也是截然不同的。女人與女人之間可以成為點頭之交，或是普通朋友，甚至「閨中密友」，女人與男人之間同樣也可以建立各種親密程度不一的朋友關係。我們很難想像沒有朋友的生活將是怎樣的平淡無趣、孤獨無援，因為朋友在每個人的人際交往圈中都佔據著舉足輕重的作用。我們也很難想像一個沒有任何男性朋友的女人，她的生活將是如何乏味與蒼白，因為異性朋友能夠發揮同性朋友不可替代的作用。從這個角度來說，異性朋友是女人生活情感中不可或缺的維他命。

下面的兩個案例將告訴妳，女人的「維他命」是多麼的重要。

案例一：

《詩經》裡說：「蒹葭蒼蒼，白露為霜，所謂伊人，在水一方。」

在所有異性朋友的眼中，綺貞就是那個「在水一方」的「伊人」──若即若離、溫婉雅致，渾身散發著女性獨有的味道。對綺貞而言，周圍的男性只是萍水相逢的點頭之交，最多只能算上有過幾面之緣的朋友。她不會超越朋友的界限，刻意營造曖昧的氛圍；但也不會拒人於千里之外，一味地疏離。因此，綺貞在異性朋友之中遊刃有餘，他們欣賞她，更加尊重她。

雖然從未刻意地逢迎與誘惑，但是綺貞在這票異性朋友之中很受歡迎。上班交通不便，傑樂意順便送綺貞一程；下班不巧雷聲陣陣，偉慷慨地把雨具借給綺貞；週末休閒娛樂，男性朋友們很高興一行人中有了綺貞的參與；當他們遇上麻煩事，也願意向綺貞一吐苦水……她從

他們那兒獲得了適度的關心，十分的坦誠，百分百的信任。這是對她個人魅力的褒獎，也是對她人際交往的肯定。在擁有異性友情的日子裡，綺貞充滿了自信，生活彷彿處處充滿了陽光。

為什麼綺貞如此受異性朋友的歡迎？

為什麼綺貞能夠在異性朋友中遊刃有餘？

不要著急，下文將具體告訴妳一個自信的女人該如何在異性朋友面前展現自己。

這裡妳要先明白，如果說戀人是行星，妳要圍著他轉，那麼異性朋友就是衛星，自信的女人能夠讓他們圍繞自己轉。妳的優雅給他們帶來了心靈的愉悅，妳的神秘感讓他們把妳當成一本讀不透的書。妳豐富了他們的生活，與此同時，他們更充實了妳的世界，實現了妳的價值。

案例二：

俊是婕小學到高中的同學。兩家離得近，從小玩到大，用別人的話來說那就是青梅竹馬。俊也一直以鄰家大哥哥的身分自居。多年的相處與瞭解，讓俊很多事情很容易和婕默契地保持一個節拍。婕很信任俊，很多心事都會跟他說，俊也會適時地幫婕解析，給她些合理性的安慰；俊有很多苦惱也更願意告訴婕。其實婕很清楚，他們需要的只是一個可以傾訴的信任對象。

上大學後，婕有了男友。婕的媽媽問她，俊那麼優秀，妳怎麼都不

會喜歡上他呢？婕總是淡然一笑。媽媽哪裡理解愛情是需要感覺的，好的東西並不一定就是最合適的。兩個人適合知心交流，並不一定適合一起上廳下廚的生活。

現在，婕和俊相處得很好。婕把俊當作「藍顏知己」，她的男友也知道。男友很放心她，從來都不擔心她和俊之間會有什麼情事發生。

黑格爾說：「存在即合理。」我們完全可以大大方方地承認「異性知己」（或稱「異性死黨」）的存在。存在的我們沒有辦法否認，因為它的存在自有其合理之處。妳肯定有這樣的同感，有些話是更適合對異性朋友說的，異性具有同性所缺少的某種特性。也許妳要問，丈夫或者妻子是枕邊人，有何不可信任的？正因為夫妻間太親密了，瞭解比較深刻，所以有些話反而顯得很不好說，不是嗎？

而異性知己，如同兩條平行線，永遠不會相交，永遠也不會分離。沒有太逼真的利害關係，太沉重的責任與義務，太全面的體驗和理解，反倒能夠從朦朧中保持不變的欣賞。

如果說情人是太陽，同性朋友是月亮，那麼異性知己就是空氣。妳無法離開太陽的照耀，也不可缺少月光的撫慰，可是太陽和月亮都有疲倦的時候，這個時候，妳會驚奇的發現，平時妳所忽略的空氣卻會伴隨著妳，讓妳感受到自由的呼吸和寧靜的心境。正因為如此，妳永遠都不會失去他，他不會是妳生活中的主軸，但妳的生活卻因為他而歷久常新。

第2節 距離產生美——人生如夢，朋友如霧

妳深諳與「點頭之交」相處的藝術嗎？

妳該如何優雅地拒絕不太熟悉的朋友？

其實，用「人生如夢，朋友如霧」來形容妳與他的關係，再貼切不過了。霧朦朧，鳥朦朧，保持美感，保持距離。

培養妳的「神秘之美」

倘若無意深入交往，那麼，與點頭之交的往來就不必過於殷勤，朦朧也是一種美。在他面前，不必絞盡腦汁地和他探討任何問題，也不必費勁地聽他對妳客套的恭維。這時候，妳脈脈含情的目光、妳嫣然一笑的神情、妳儀態萬方的舉止、妳楚楚動人的面容，已經勝過了千言萬語。

既然是點頭之交，給對方留下良好的印象，並且保持著距離，存留著妳的神秘感。友善的笑容、淡雅的香水、得體大方的舉手投足，足以讓對方感受到妳是個自信而有味道的女人，如此能有效地增加異性對妳的好感，提升妳的個人魅力，使妳結交更多的異性朋友。

要與點頭之交的異性保持距離，又要讓他對妳印象深刻，那麼，本書給妳一個最中肯的建議：把自己塑造成帶點神秘感的形象，讓他覺得妳永遠是個謎，是一本百讀不厭的書。

下個路口分開走：學會優雅地拒絕

　　只是點頭之交，彼此之間的關係並非堅不可摧，倘若因為某些特殊事件的出現，讓妳明白自己因性格、立場或其他方面的因素並不適合與他深交，那麼也許下個路口你們就該分開走了。如果這時的他仍然頻頻主動向妳示好，那麼優雅地拒絕，將是妳自信的表現。

　　首先要感謝這樣的點頭之交欣賞自己。這種感謝是有理由的，因為沒有他的欣賞，或許就不會有彼此相識的開始。他的欣賞是對妳的肯定與認同，哪怕妳對他沒有深入交往的意願，但是他的存在證明了妳的價值，增添了妳的信心。由此感恩之心出發，自然要善待他，比如保守秘密，明確地表明自己的態度，委婉地拒絕他的主動示好，不模稜兩可，也不含糊其詞。這是對他的尊重，也是對妳自己的負責。

要學會優雅地表明妳的態度,溫婉而確定無疑地拒絕——

「很抱歉,我已經有約了。」簡單明瞭,同時對他抱以友善的微笑。即使遭到拒絕,因為有妳真誠燦爛的笑容,相信他的心情也不會糟到哪去。

或是對著電話的那端溫和婉約道:「不好意思,那個派對我去不了了,我的朋友H很願意參加,你不妨聯繫她看看?」

千萬記住,即使妳已經決定不再與他有新的交往,也要對他充滿友善,絕不可以傲慢待人。首先,妳應該知道,妳沒有傲慢的權利,任何人都是平等的,也應該受到同等的尊重,不懂得尊重他人的人最終也得不到他人的尊重;其次妳未必有資格傲慢,他未必不比妳優秀,他只是首先表達了他的好感,只是比妳謙恭和主動而已,所以,友善和感激的拒絕是妳最合適的反應,這樣才能獲得真心的讚許。其實,越是有被追捧的經歷的人,越懂得如何溫婉地拒絕對方,有時候那些從未被異性冷落的人,倒是可能受點恭維就雲裡霧裡不明事理了,如果這樣的話,那位點頭之交就該唾棄妳了。

第3節 維繫妳的友誼——既分享,也分擔

普通朋友的關係比「點頭之交」近了一層。他或他們,對妳來說是不可或缺的。妳該如何與他們交往,可以顯得自信而不傲慢?妳該如何維繫一份穩定的異性間的友情?接著往下看吧!

積極的傾聽：自信地接受他的「分享」與「分擔」

在所有周圍的人中，我們常常更願意選擇自己的朋友，一起分享快樂，一起分擔痛苦。妳有信心接受他的「分享」與「分擔」嗎？對於維繫妳和他之間的友誼，妳到底有多大的把握？

許多時候，他需要妳在他身邊，哪怕只做一個安靜的聽眾，默默地聽他傾訴。傾訴的功能不是光說話，而是找到情感自由進出的通道。傾訴中，他道出了心底的鬱悶，在傾聽和回應中，他得到了妳的關懷和理解。友誼是相互的，雙方產生越多積極的互動，彼此的友情便越牢固。

積極的傾聽，會給妳和朋友之間的交流帶來意想不到的效果。在傾聽的過程中，適當地運用妳的肢體語言，會讓他感到，妳的精神與他同在：

★ 與他坐成90度角。如此，一方面能夠讓他專注於自己說話的思路——倘若面對面地直視他的目光，很可能會使他侷促不安——畢竟你們還只是普通朋友，留給各自充分的空間，會讓彼此都感到更加坦然。另一方面，90度角的坐勢，又能夠讓你們看到彼此，用自己的肢體語言告訴他：「是的，我就在你身邊」。

★ 開放的姿勢。不要雙手環胸，不要攥緊拳頭，否則讓人看來妳時時保持警戒，對他沒有安全感。如此，他也許會感到妳不信任他。自然地把雙手擱在腿上就好。

★ 身體微微向前傾斜。顯示妳在認真地聽，仔細地關注他所吐出的每個字。

★ 保持目光的接觸。眼睛是靈魂之窗，彼此的目光頻頻接觸，即使妳不開口說話，也能讓他明白，妳能理解他，妳和他產生了共鳴。當然，總是盯著對方的眼睛可能有曖昧的嫌疑，妳可以與他保持一段時間目光的接觸，然後把視線移到別處，一會兒再移回來。

★ 放鬆妳自己。妳是在傾聽異性朋友的心聲，倘若妳有絲毫的緊張或不自在，都可能讓他改變初衷，將本想一吐而快的內容有所保留。妳的反應和態度決定了他對妳信任與袒露的程度。因此，妳的放鬆將告訴他，妳很信任他，妳對他所說的很感興趣。

表現「脆弱」，真實如妳

在他面前，妳可以放心地袒露自己的心聲而不需有顧忌，妳可以坦蕩地表明自己的觀點而不必瞻前顧後，甚至，妳可以展現自己的脆弱，而不必時時武裝堅強──因為，他是妳的朋友──朋友之間需要的是真實。

妳是一個女人，在異性朋友的眼裡，他始終都把妳當作一個女人來看待。他知道妳是柔弱的、敏感的、容易傷心的，甚至是愛哭的。因為妳是他的朋友，他會體恤妳的弱不禁風，他會包容妳的脆弱不堪。妳需要支援的時候，他會向妳伸出他的手臂；妳需要依賴的時候，他會成為妳的依靠；妳想痛哭一場的時候，他會借給妳他的肩膀。因為男性幾乎天生就有喜愛「保護」女性的慾望，適當表現一下「脆弱」會讓他更加憐惜妳。不必因為他把妳看得弱不禁風而自慚形穢，不必因為妳害怕打

雷而覺得丟臉，也沒有必要因為妳在他面前不小心掉了眼淚而自責不已，事後一吐舌頭，扮個鬼臉，之前的烏雲密佈便烟消雲散。真實如妳，正是因為妳的真實，他才願意放心地和妳做朋友。

但是，過於矯情的「柔弱」與嬌嗔肯定適得其反，千萬別期望他予取予求，不要用過多的要求來考驗他的忍受能力，否則或許有一天，妳們的友情將斷送在妳沒完沒了的「脆弱」中。

善意的綽號，讓妳走近他，讓他走近妳

調皮的稱呼，善意的綽號，往往容易拉近朋友之間的距離。送一個善意的綽號給妳的異性朋友，會使你們彼此間顯得更加親密無間。讓人驚奇的是，一些有顯赫身分的總統、議員，也樂意好朋友叫他們的綽號。這些被男人覺得可愛的來自女性的綽號主要有：小鴨鴨、小帥哥、小瓜瓜、小渾球、小傻瓜、小乖乖、大力士、大頭仔、大老虎、玩具熊老大、蜜糖寶貝、寶貝蛋、神氣熊、健美先生。

在寫給他的E-mail裡，可以稱呼他的綽號，開始一次關切的問候，就像這樣：

「老蘿蔔，你有好一陣子沒理我了，最近還好嗎……」

或者是「小毛驢，我們上次一起在花卉市場買的梔子花開了嗎？想念淡淡的花香，也掛念起你這隻毛驢了……」

看似隨意的稱呼，卻包含著一層其他人不可輕易突破的友情。越是

能把善意的綽號運用自如，越能顯示出妳對這份友情的信心。不妨試試看，給他取一個特別的、善意的綽號，你們之間的交往將有意想不到的精彩！

友情亮起了紅燈，我該怎麼辦？

所謂天有不測風雲，平日一向友好往來的朋友，偶爾也會因為一些意想不到的事情而產生摩擦和爭吵，甚至因此分道揚鑣。當妳和他之間的友誼遭遇危機時，妳真的甘心就此放棄嗎？難道什麼也不做，眼睜睜地看著友情破裂，最終老死不相往來嗎？

自信的女人會說：要視情況而定。——完全正確！

倘若妳和他產生矛盾的事件本身，恰恰反映出妳所不能容忍的人性的醜陋方面，那麼，何必為一個不值得深交的男人惋惜呢？早點看穿他、遠離他，絕對是妳的幸運。

而若只是對某件事情的觀點或態度產生分歧，而不涉及對個人的價值評判，那麼，自信的女人懂得，她應該竭力挽回即將破裂的友情。所謂「君子坦蕩蕩」，擁有一個具有真知灼見而又坦率誠實的異性朋友，對妳來說，是一種幸運。當友情亮起了紅燈，妳首先要千萬遍說服自己的是：我一定可以挽回他的友情！有了信心，接下來的一切將迎刃而解。

要明白，所有的誤解和分歧，都是由於缺乏足夠的溝通和理解。因此，要讓你們互相理解、握手言和，首先妳要給彼此間營造溝通的機

會。這時的妳，要懂得「退一步海闊天空」的道理：適當地放低自己的
姿態，主動檢討自己，表達妳的歉意——不管事實上是妳的錯，還是他
的錯。充滿誠意地對他說：「那天我不該亂發脾氣，害你難堪，我們好
好談談可以嗎？」或者「可憐兮兮」地對他說：「看在我在你家樓下等
了大半天這麼有誠意的分上，我們和好吧？」……倘若妳肯放下身段主
動講和，那麼，身為男士的他怎麼可能沒有風度到不肯接受妳的「橄欖
枝」呢？一來二去，原本劍拔弩張的情勢也將化干戈為玉帛。

第4節 一生一世的避風港

異性之間有一種友誼，它能夠長久毫不褪色，它也需要用最多的精力去呵護彼此的關係。不論妳把對方稱做「死黨」，還是「兄弟」，抑或是「藍顏知己」，對他而言，妳都屬於「精神玫瑰」，是那種可以勾肩搭背但絕不可以勾勾搭搭的異性夥伴。別看這種關係曖昧不清，像嘴裡塞滿了爆米花般含含糊糊，只要妳有信心處理好，那絕對是一輩子值得珍視的情誼。

「我一直都很肯定，我有資格做他最要好的死黨。」

在所有人的眼裡，琳與宇簡直是超級登對，從氣質到學識，從性格到相貌，從嗜好到習慣，他們倆在一起是那麼地和諧。在他們27年的生命裡，彼此的死黨關係已經維持了20年。琳與宇是一對天生的「冤家」，學業上是對手，學業之外只要一有空，就互相「貶損」、互相「打擊」，以此為樂。不過只要有一人遇上了困難，另一個人總會為他／她挺身而出。在那個稱之為「早戀」的青澀而又懵懂的年代，幾乎所有人都對傳播琳與宇的「緋聞」樂此不疲。然而大家都不知道，琳與宇心中各自的「公主」與「王子」並不是對方。二十年的友誼，造就了他們之間「鐵」得非比尋常的死黨關係。

「也許是太熟悉了吧，熟悉到他下一秒鐘會迸出什麼話都猜得到，感覺和宇就像兄弟，產生不了其他的想法。」談到宇時，琳如是說。

「什麼樣的力量讓你們之間的死黨關係維持了這麼久，卻從來沒有

褪色呢？」這是大家最好奇之處，而琳說出的話，恰恰可以讓我們領悟與死黨相處的藝術。

「想要維持一份珍貴的『兄弟』情誼，關鍵是要對自己有信心，」琳一語道破天機，「我一直都很肯定，我有資格做他最要好的死黨。6歲的時候，我開始願意和宇成為朋友；10歲的時候，我已經習慣他的友情；15歲的時候，我發現和宇做死黨是我的榮幸；20歲的時候，我明白，宇是值得我用一輩子去珍惜的朋友；25歲的時候，我肯定，宇也一定會像我珍惜他一樣，毫無保留地珍視我。」

「我很肯定，我能夠理解他，在他需要的時候，給他信心和勇氣。信心是個很奇妙的東西，因為有信心，我無須對宇的友誼患得患失。始終相信，即使和宇很久沒見面，也不會因此而疏離。」

原來，信心就是那個奇妙的東西。

我像港灣，隨時歡迎你回來停留

要知道，並非只有女人才有眼淚，男人也有脆弱的時候，偶爾的受挫有時也會讓他們備受打擊。自信的女人懂得選擇合適的時機，向異性死黨表明自己的立場：即使變化是唯一的永恆，但仍有一樣東西永遠不變，那就是我對你的欣賞和信任。

當他事業不如意、情緒低落的時候，妳可以握著他的手，把妳手心的力量傳遞給他，鼓勵他：「低谷預示著顛峰的到來，不要被打倒喔！就算全世界的男人都會失敗，我還是沒有理由地相信，你一定會贏！」

當他感情失意，一個人在路燈下發呆的時候，妳可以輕輕拍著他的肩膀，安慰他：「那個女孩這麼沒眼光，居然錯過了你這個世界上最好的男人。沒關係，會有真正懂得欣賞你的Miss Right⋯⋯」

對他而言，妳的一個鼓勵的眼神、一束充滿期待的目光、一次懇切的握手、一個傳遞力量的擁抱，無不在告訴他：「你還有我呢！」妳給他溫暖，讓他感受到，即使全世界都拋棄他，妳仍然站在他這一邊。妳給他勇氣，讓他瞭解，無論何時何地妳都會支持他，沒有任何條件。在他眼裡，妳就像一處人生的避風港，永遠等他停留。他的每一次重整旗鼓，都使你們的死黨關係越發堅不可摧。

知心朋友面前，有眼淚放心流

妳是否有被孤獨侵蝕，卻深陷無助的遭遇？妳是否有不知所措、心亂如麻的困境？當重重麻煩擺在眼前，妳是否有大哭一場的衝動？如果在同事、點頭之交或是普通朋友的面前，妳姑且需要竭力掩飾，那麼在異性死黨面前，有眼淚就放心流吧！

在思思的男性朋友中，傑是最要好的一位，在他面前，思思甚至都沒有把自己當成女孩子，她可以放肆地在他面前笑鬧而不必有所顧忌，對他們來說，他們就是那種可以一直玩到老的死黨朋友。他們關係之好，令人羨慕。對思思來說，每當她遇到不順心的事，她第一個想到的就會是傑，有些不方便對男友講的話，也可以很大方的對傑袒露，而傑也會非常認真的幫她想解決的方法。

有一次，思思又和男友大吵了一架，原來，她的男友一直瞞著她和自己的前女友保持著聯繫。知道這件事之後，思思非常的傷心，她想放棄男友，卻又深愛著對方，痛苦的她不知如何是好。傷心的思思很快就想到了傑，這時候的傑還在外地出差，面對著在電話裡哭得稀哩嘩啦的思思顛三倒四的哭訴，傑很快就瞭解到了事情的來龍去脈。他以一個局外人的冷靜和同樣身為男子的看法為思思分析了三點：一是男友之所以不告訴思思這件事，並不證明他還愛著前女友，也許只是擔心思思會胡思亂想，導致不必要的麻煩；二是思思的男友覺得自己有能力處理好這件事，沒必要讓思思產生多餘的心理負擔；三是思思男友與前女友舊情復燃的可能性並不大。既然他當初選擇了離開前女友，那麼肯定是她身上有他所不能接受的東西，一般而言，男人主動放棄了的東西，很少有後悔的。

　　聽了傑的分析，方寸大亂的思思也冷靜了下來。獲得了安慰的思思進而在傑這裡尋求到了相應的對策，她依計行事，果然如傑所料，男友不僅沒有變心，還因為她之後的一系列行為而大為感動，收效頗大。

　　有時候，不必認為妳在異性死黨面前嚎啕大哭是件多麼丟人的事，

也不必為自己的情緒失控而內疚不已——其實他不會介意的，因為妳是他的死黨。他很清楚，在所有的人中，妳只敢對他這樣毫無顧忌地釋放情緒，他會包容、會諒解。因此，相信妳自己，真實的情緒，真實的妳。

再親密無間，也要給他自己的空間

　　心理學家把「異性死黨」關係稱為「第四類情感」，認為它屬於比友情多深層的相知、信賴與默契。可以這麼說，它是昇華了的精神友

情，又沒有愛情中的卿卿我我與徒勞牽掛。

「死黨」這種友情在不傷害周圍人的基礎上，完全可以以同性的姿態來交往。你們可以無話不談，可以打電話聊天，可以互相透露隱私，甚至可以商量對付異性的方法。

但是，身為他的死黨，不要試圖拴著他。男人不喜歡負荷與累贅，更無法接受異性過分糾纏而導致舉步維艱。即使是死黨，也要給予他自由的空間。倘若形影不離地與他捆綁在一起，這只能說明妳的缺乏自信，早晚有一天妳會成為他的負擔。

不要以為妳是他的死黨，他就理所當然地要告訴妳所有他的一切。不要窺探他的隱私，不要深究他不願提及的往事，不要勉強他做自己不願意做的事。否則，只能一再顯示妳對自己的魅力缺乏信心。「己所不欲，勿施於人」，這個人際交往中最樸實的道理，在與異性死黨的交往中越發閃耀它的光輝。要讓他感受到，雖然與妳的朋友情誼已經親密無間，但他仍然毫不拘束、自由翱翔。

第四章
自信使妳美麗

　　的確，女人很多時候都是美麗的，但是我想說的是，女人自信的時候才是最美的，尤其是在戀人面前。戀愛時，如果缺乏自信，總是患得患失、心事重重的樣子，那麼妳的臉上就失去了戀愛中的人應該有的光澤，少了愛情帶來的快樂，而變得不那麼生動美麗；而自信時，即使妳不是一個美麗的女孩，也會因為愛情的滋潤而整個人靈動俊秀起來，成為最美麗明朗的女子。

　　自信使妳美麗，自信的女人是最美麗的，缺乏自信總是少了點什麼。自信的女人有一種不一樣的吸引力，它可以讓女人更嫵媚生動、光彩照人，儘管人人都知道，人無完人，真正完美的人是沒有的，但給自己一份自信，讓自己無限的向完美靠近，這何嘗不是一種最美呢？因為這樣的自信，讓女人看到了自己本身的價值，看到了自己的魅力，她們勇於告訴自己：「我深信，我是最值得他愛的女人。」

　　自信的女人，會自主地選擇人生，自主地確定發展方向，會不停頓地學習知識，勇於實踐和豐富自己的人生；自信的女人，會坦然的面對社會，面對生活賦予她的一切，甜也好苦也好，悲也好喜也好，痛也好

樂也好，都有勇氣去承受承擔；自信的女人，在戀人面前，盡情地展示自己最率真的自我，輕輕鬆鬆，讓愛情綻放最美麗的花朵。女人的自信，讓她即使做不到擁有最漂亮的外表，也能擁有最能折服人的內涵，散發出致命的魅力。

男人說：「自信的女人最可愛。」

男人說：「她相信自己值得我愛，我才會愛她。」

男人說：「女人身上最迷人的是自信、放鬆和從容。」

所以，身為女人，揚起妳自信的頭顱吧！讓自信的微笑時常掛在妳的嘴角，相信無論何時何地，妳都會成為最美麗動人的女子，讓內在的魅力牢牢地鎖住男人的心。

第1節　單獨面對他

1、愛的開端——牽手面對未來

「我配不上他，他人帥，心地又好，我太平凡了。」

「我愛他，但是，我不敢啊，我既沒有出色的外表，也沒有淵博的學識，我會給他丟臉的。」

「我在他面前總是盡量展示最好的一面，我好累，怕他發現我不好的地方。」

「真的有愛情存在嗎？他接近我真的只是愛我而不是其他目的

嗎？」

....

　　有多少女人，沉浸在迷茫徬徨中，不敢去追求真愛的？又有多少女人，在愛情到來的時候，裹足不前，懷疑自己的？這樣的女人不在少數啊，心裡老是想，像自己這樣不是特別高尚、突出的人，就算有人願意和自己交往，大概終究還是會被人嫌棄；而且自己這一型的女性，又不是特別漂亮俏麗，他應該不可能會看得上我。就是因為對自己的人格特質沒有自信，人間才少了多少本該有的幸福啊！

　　有的女孩從小父母離異，這個揮之不去的陰影就成了她們的心理恐懼，導致她們後來不信任男人、不相信人間有可靠的愛情，於是陷入了害怕和恐懼的惡性循環。兩性關係中，一旦妳誤入了對恐懼的恐懼，它勢必會影響妳和男性的交往，破壞妳原有的感覺和自信。因為自信是驕傲的資本，在與男人的交往中若沒有了自信，妳就自動喪失了誘惑和吸引力。更有甚者，恐懼感將強化妳的自卑，加深妳的憂鬱。反過來，憂鬱和自卑會再次導致妳對男人的恐懼，這就是害怕恐懼的惡性循環，也就是心理學家常說的「失落裡的失落」。

　　第一，我要說的是，在這世上的每個人都是一樣的，沒有必要在愛情中看輕自己。

　　每個人都是平等的，都存在優點，但也都會有缺點。就算是被大家公認的那些擁有崇高品格的人，也不能徹底摒棄她們內心深處的某些嫉妒心、猜疑心和偏心。不管是怎麼再了不起的人，或不起眼的人，不管

是有錢的人，或者貧窮的人，沒有哪個人的人性是十全十美、毫無瑕疵的。所以，不要為自己的不完美而深感不安，試問誰是完美的呢？

所以在戀愛中，女人跟男人要保持平等的地位。

第二，愛情是什麼？有人說得好：「愛不是漂亮的臉蛋和金錢的相加，愛是兩顆心從接近到親密的昇華。」真正的愛情，不是建築在表象或物質這些外在的東西上的，我愛妳，只是因為妳是妳。愛一個人，就是愛他或她的一切，在戀人面前，要盡可能地展示真正的自我，建築在真我上的愛情才有可能是長長久久的。

鳳凰衛視的吳小莉身邊不乏追求者，條件一個比一個好，但她最終決定嫁給世交的兒時玩伴，因為他愛上她能做得一手好女紅；中國的當紅女性蔣雯麗，當年電影學院數一數二的美女，事業正當紅，卻義無反顧地跟了當時不但默默無聞，而且「20年滄桑容顏不改」的顧長衛，因為他肯為她付出一切，不善言辭只知道一門心思地對她好；名主持人李靜，去年的情人節還和一班高齡未婚朋友抱頭痛哭，今年就已經一家三口過節了，為什麼？因為終於遇見了真命天子，於是所有的身段都可以置之不顧。

我有一個同學在尋尋覓覓中終於找到相知相愛的伴侶後，對我說：「原來愛情真的很奇妙，我原以為電視只是電視，小說只是小說，但現在才知道，愛上一個人，真的就可以包容她的一切，一些缺點在我看來也是非常可愛的，為她做什麼都願意！」

第三，用自信的微笑去開始一段感情，將有利於妳在二人世界中獲

得屬於妳的一方天地。

自信的女人，肯定、欣賞並享受自己的資源特質，她擁有獨立的人格，她有著自己的思想，她會一直保持著自己的喜好，她堅持自己的生活。她不會因為喜歡對方而放棄自己所擁有的生活，她不會為了遷就對方而否定自己的過去，對她來說，她的知識與經歷都是她人生中最寶貴的財富，是她追求幸福生活的籌碼。因為獨立，她可以在與男朋友的交往中保持她個性的獨立，她能夠建立起自身的尊嚴與價值感，當她與對方分享自己的精神財富時，她也就能獲得平等的對待。

自信的女人最美麗，最不可抗拒。因為妳自信，所以在戀愛的一開始，就緊緊抓住了男人的心，妳有妳自己引以為豪的東西，他也欣賞妳；妳有妳的性格和喜好，妳在男朋友面前做真實的自己，自然而放鬆。開端很重要，戀愛初期的交往奠定了你們以後的交往模式，而在這個模式中，兩人是平等的，妳沒有刻意討好或是偽裝自己，所以妳是很放鬆、很快樂的。

妳愛我，我愛妳，互相尊重、互相關愛的兩人才能攜手走入愛情的殿堂！

2、我的確生氣了——第一仗一定要打贏

男人和女人是上帝製造的異物，可是卻要註定他們生活在一起。男人和女人的矛盾是與生俱來的，戰爭也是天經地義的。只是男女之間的戰爭有異，有些男女之間的戰火會轟轟烈烈，有些則溫溫和和，戰火停

歇之後，有些男女形同路人，有些更益加甜蜜……

人說吵架是傷感情的，其實也未必。溫和的戰爭是用來解決矛盾的，不見得必須要有人員傷亡。雖說衝動是女人的特權，但是女人們切記，原子彈即使不傷人也會讓土地寸草不生，所以，女人的任性需要掌握尺度，千萬不能以生氣為由口不擇言。出口傷害了戀人，是會留下傷痕的。

熱吵之後往往伴隨著冷戰。如何讓硝煙平靜？女人如何在不失尊嚴的情況下與他和好如初？

先讓我們做一個簡單的心理測試吧！測試一下妳和戀人吵架之後的態度。

突然下起雨來，家中的傘竟然都是壞的，雨越來越大，妳卻必須要

出門了，別無選擇的妳會選擇下面哪一把雨傘？

A‧有一個大洞的傘。

B‧有一個小洞的傘。

C‧傘柄彎曲了的傘。

D‧傘柄不彎曲但是很短的傘。

　　選好了嗎？這道題目可以測出妳和戀人吵架之後的態度。在心理學上，「天空突然下起雨來」恰好意味著「與親密的人發生爭執」，而各種不同的壞傘代表著爭執後的壓力之下，妳在潛意識中會採取的解決方式。好了，現在來看看結果吧！

　　選擇A的人：很明顯，有個大洞的傘會讓妳被淋濕。如果妳選擇了這個，那就意味著妳認為「低頭賠罪也可以」。妳覺得誰先道歉無所謂，所以妳大概就是那個主動承認自己錯誤，以求得雙方重歸於好的人。這樣雖然顯得大度，但也要小心妳的遷就會助長對方的氣焰哦！妳這樣的人很容易打交道，有歐美派頭，就算是吵架的時候大概也是法國式的濃情版本哦！

　　選擇B的人：有一個小洞的傘，就不至於把自己淋得濕透啦！這說明妳會在不傷害自己的前提下，向對方道歉。但是一般情況下，妳有可能會把事情冷卻很久，直到對方提起那次爭吵，妳才承認「那時我也有錯」。這樣的人其實很容易心軟，不太會讓對方下不了台，但也不會強迫自己做很難做到的事情。你們在吵架時說不定有點日本式的含蓄味道。不過這種溫吞性子的人一旦認真起來，那大概是為了很嚴重的事情

吵架哦！

選擇C的人：傘柄彎曲是很獨特的，這說明其實妳是一個很倔強的人！哪怕吵架是由於妳的錯誤引起，恐怕妳也不會甘心承認的吧！說不定有意無意還會把責任推到別人身上。可是長此以往，如果妳始終不願意低頭承認錯誤的話，也許妳愛的人會因為受不了而離開呢！不過認真說起來，妳這樣的人其實很沒有原則啦！說不定對於很多問題也是「牆頭草」，在妳的眼裡，生活的安穩、快樂比什麼原則都重要。所謂對錯之分，不過是說說而已嘛！

選擇D的人：傘柄很短，暗示著妳是那種「忘性很大」的人。吵架歸吵架，吵完就忘啦！說不定對方說了很難聽的話，妳居然睡了一覺就全忘記了，可以和顏悅色地按照平常日子過下去！長此以往，對方會覺得很對不起妳，說不定反而很慚愧。所以妳是那種很善於吵架，並且很容易言歸於好的人！這種人好像是生活在地中海陽光中的！因為她們懂得生活的樂趣在於：一次爆發，永遠快樂。她們在吵架的時候也會毫不留情，因為發洩痛苦本來就不該有保留，可以說是敢愛敢恨的人。

從心理測試中，妳是否得到一些感悟呢？和好的方式各不相同，妳可以選擇做一個健忘的「傻女人」，也可以做一個直接認錯的勇敢女人。如果真的是妳錯了，一定要道歉。向他說對不起一點都不會丟自己的顏面。如果不好意思當面道歉，可以留張粉色小紙條給他或者給他一個甜甜的簡訊，或者學學有些感性的女人，創意的在糕點上拼上sorry的字樣。相信妳的丈夫收到這樣的道歉只會更愛妳，哪會繼續生氣呢？

其實戀人吵架往往一人錯一半，在這種情況下，戀人之戰就變成一

個博弈的過程。再短暫、再柔和的戰爭依然有勝負。況且，戀人之戰是有慣性的。也就是說，勝利者很可能在今後的戰爭中繼續扮演勝利者的角色。因為，人類有良好的記憶。所以，女人們，第一仗一定要打贏！做一個善於打仗，並且善於言歸於好的聰明女人，打仗是為了爭取更大的地盤，和好則是為了讓他心甘情願地簽下「不平等」條約。

3、他的生日——讓感動在他心底流動

　　愛情真是一個非常奇妙的東西，愛上一個人，就會天天想著他，想給他最好的，想讓他明白自己的心意——嘿嘿，戀人的生日，就是一個表達愛意的極好契機。把妳的真心，包容在妳精心準備的禮物中；用妳的溫柔，觸動他心底最柔軟的心弦；捧上妳的一片情，讓感動在他的心底流動。

　　對於戀人生日這種特殊的日子，相信大家也經常談論，花前月下，兩顆心緊緊貼在一起，在浪漫的溫馨中感情得到昇華。但是，這種浪漫需要用心來營造，多花心思，才能得到預期的效果。很多人會苦惱於送男友什麼禮物才好。我見到網路上的BBS上經常有女生問：「男朋友要過生日啦，送什麼好呢？皮帶啊，手錶啊，都送過了，真是想不出什麼合適的禮物啦！」

　　的確很煩惱啊，那麼男人想要的是什麼呢？我找了些朋友來問。

　　A君：「我需要的是一份感動，女友真心愛我，她送什麼我都喜歡。」

B君：「去年我生日的時候女朋友給我折了一罐星星，有1050個，好感動啊，每天睡前都要捧著看一看。妳知道嗎？1050=520+530，我愛你、我想你。她居然折了那麼多個，肯定花了很多時間和精力，有這麼一個女朋友，我真是幸福啊，我會好好愛她、疼她的。」B君的話立刻得到了大家的共鳴，人人都拿羨慕的眼光看他，讚嘆他真是幸運。

C君：則伸出手腕，亮出一個ROSSINI的男士錶：「女朋友還是個在校學生，做了一個月的家教給我買了一個錶做生日禮物，我那個感動啊，簡直要飛上天了，呵呵。」於是大家開始讚嘆又一個幸福中的男人。

其實，男人並不奢求妳給他多少貴重的東西，他想要的只是一份心意，讓他知道妳愛他、妳想他、妳在乎他，這就足夠了。有的女人總是一味想給男朋友買

貴一點的東西，以為送他越貴重的東西他肯定會越開心。其實不然。雖然妳送的貴重東西，他會很開心，但有時候，一個兩百多塊錢的領帶夾還不如成本二十塊錢的、妳自己織的、手工般的圍巾能打動他的心。

自信的女人，從來不在意自己的禮物是否能登大雅之堂，她只是想把心意表達出來，融入自己心意的禮物，才真的是和男朋友心與心的交流。簡簡單單，仍然能把男朋友感動得七葷八素。在這個特殊的日子裡，朋友，妳用心了嗎？

《流星花園》裡道明寺過生日，收到房子、珠寶等很多貴重物品，他看都懶得看一眼，但是杉菜自己做的，還有些烤焦的餅乾卻讓他愛不釋手，一向暴躁的他，立刻露出孩子般的可愛笑容。

還有一位女孩，叫做小詩，她給男朋友的禮物真是別具特色。她準備了11份小禮物，包括牙刷、梳子、本命年的紅內褲、自己打的圍巾、自己編織的十字繡小掛飾……每份小禮物都用漂亮的包裝紙包好，然後放在一個更大一點的盒子裡。滿滿一盒子都是她的心意：一心一意地愛你。那一天，她的男朋友成為世界上最幸福的人，據說眼淚都已經在眼眶裡打轉啦！

曾聽說有一個女孩，用26天的下班和休息時間，奔波在街頭巷尾，與數不清的行色匆匆的人們打交道，請他們在自己的小本子上簽名並寫上祝福的話語——她是為了收集到8888個簽名和祝福，做為送給男朋友的生日禮物！行人中的大多數人，雖然行色匆匆，但還是願意留下祝福的話，這讓女孩感動不已。厚厚的幾個本子，寫滿了祝福，滿滿的都是女孩的心意。「因為我男朋友最近事業受到挫折有些消沉，我希望能

在他的生日，給他帶來深刻的快樂。」多麼震撼的生日禮物啊！但對我們來說，通常也沒有必要花那麼大的精力——把自己累著了，男朋友也會心疼的啊！那個女孩也認為：「愛情的表達可以是刻骨銘心的，也可以是平平淡淡的，只要是真心，不必在形式上計較太多。」如果可能的話，她寧願放棄這8888個簽名，只是幫男朋友洗一雙襪子，來表達他們之間的感情。

所以，自信的女人們，用妳的心意讓他感動，妳準備的東西，永遠是男朋友收到的最好的禮物。

在這裡我要提出幾個建議。

第一，在男朋友生日的那天，要展開全方位的祝福，讓他一整天都沉浸在妳的愛裡。比如說，新的一天剛剛到來，就收到妳的祝福簡訊：「親愛的，生日快樂！」男朋友一打開電腦，就有妳送上的電子賀卡，在花瓣的包圍下，賀卡上兩個人兒相依相偎。

第二，妳自己折的星星、千紙鶴，自己畫的小書籤，自己編織的圍巾、手套、十字繡，自己做的小筆筒等等，都是很好的禮物，重在親自動手。

第三，給他過生日，點著蠟燭，深情地望著他的眼睛，深深地說出：「生日快樂！」必要時，獻上一吻。

二人世界裡，浪漫與溫馨，永遠伴隨著你們。

4、抓住他的胃——抓住男人的心

自信使妳美麗

　　古龍書中云：「征服男人，先要征服男人的胃。」

　　到了今天，男人們還是贊同這句話的，這恐怕已經成為了夫妻關係裡不變的經典。縱使外食多麼方便、多麼美味，男人對「吃老婆煮的飯菜」仍有所期待。很多現代女性可能對此忿忿不平，憑什麼總是女人下廚？女人也要工作，難道不累嗎？其實，男人渴望女人做菜，並沒有壓迫女性的初衷，而是一種歷史文化積澱的結果。

　　唐朝詞人王建有詩云：「三日入廚下，洗手作羹湯，未諳姑食性，先遣小姑嚐。」

　　「洗手作羹湯」這一句對大家來說應該是相當熟悉的，雖然原文中的意思是為了婆婆而做，在現代人看來早就引申為妻子為丈夫做菜了。在男人的眼裡，娶一個愛的女人回家，讓她為自己洗手作羹湯，這是一個美滿的極致呀！男人在乎的不是這個女人廚藝有多好，而是在乎這個家的感覺！

　　「老公說最喜歡看到我下班回家，脫下制服圍上圍裙進入廚房的過程。其實，我做的菜並沒有那些廚師們做得好吃和好看。可是我做的菜比他們做的菜多放了一樣東西，那就是家的味道。」

　　男人對老婆煮菜的渴望是源於對女人味的渴求和對媽媽味道的回味。如果是還在戀人階段，那種味道會催化男人對家的幻想。

　　「剛認識老公那時候，我為他做過一個三明治。我清楚地記得，所謂的三明治就是在平底鍋煎一個雞蛋，把煎蛋夾在兩片土司切片的中間。那是再簡單不過的早餐，老公卻是一副吃得很香甜的樣子，竟然說

那是他吃過的最好吃的早餐了。我當時以為他是禮貌地誇讚我，後來，老公對我說他沒有說謊。自從他那次吃了我做的『三明治』就喜歡上我了；他說那麼簡單的原料我做得卻是極有味道，並且營養很好；他說我細膩地把土司熱了一下，顯然我是放了一份心在裡面；煎蛋不老也不生，還放了點糖，很有媽媽的味道。於是，從那時候起我就從抓住他的胃到抓住了他的心。」

女人細細的腰身繫上圍裙後會顯得更加嫵媚動人，忙碌的背影在男人面前飄來飄去，會讓人湧起濃濃的幸福感。到了這個時候，男人一定會情不自禁的從背後將女人擁入懷中，環抱著女人纖細的腰，說著讓妻子打從心眼裡笑出來的甜言蜜語。這時候的女人在男人眼裡是最具女人味的。

「不管我做的菜別人吃來是否好吃，老公總是會在和朋友們吃飯時很驕傲地對他們說：『有時間去我家玩，我老婆做的菜不錯，這一輩子我是享盡了美食。』我能看到老公說那些話時臉上帶一種很幸福的神情，也能體會到老公說那些話時的驕傲和得意。」

擁有一個善於做菜的老

婆，對男人來說，比擁有一個如花美眷更值得誇耀。正如動物界所有的雄性動物都是豔麗而愛表現的一樣，男人是天生愛炫耀的動物，在朋友面前長足了面子，承接羨慕的目光，男人對妻子的愛自然會更多一分。

說到這兒，女人們可能已經蠢蠢欲動了，但是又不免納悶：我上班那麼辛苦還要給他做飯，是不是給女人的壓力太大了呢？當然，我們是教女人們如何抓住男人，而不是讓女人為男人任勞任怨。所以，請聰明的女人們注意了，善於下廚和天天下廚是有巨大區別的！聰明的女人永遠把精力和力氣花在「刀刃」上。抓住男人的胃不見得要天天去填飽他的胃，太頻繁了他反而不會珍惜。所謂「刀刃」就是：在週末或者是特別的日子裡，精心為他準備一桌可口的家庭餐，有心意、有情調、有家的溫暖和初戀的浪漫；不一定要做滿漢全席，但是每一道菜都要用心，把做菜當作是藝術品。最忌諱胡亂弄幾個能吃的填飽肚子打發一頓了，久而久之，丈夫對妻子下廚房就失去了原先的美好感覺。這樣馬虎應對，還不如吃外食，既簡便又讓丈夫心存渴望。

自信的女人是懂得經營廚房的。不輕易出手，但是一旦做了就要做到完美。

其實，沒有一個職場女性的丈夫是期望自己妻子每天下班後還要為自己做豐盛的晚餐的。男人明白自己娶了一個有工作、有事業的女人，也理解自己的妻子。但是，這不代表，男人會放棄對另一半為自己「洗手作羹湯」的渴望。所以，即使是在職場自信滿滿叱吒風雲的女人，回到家，依然需要做一個善於下廚的小妻子。此時，妳的自信不是表現在氣質或言語，而是表現在穿上圍裙潛心烹飪的執著神情。如果妳留意，

一定會發現面對妳此刻卸下制服的模樣，丈夫的臉上寫著感動和幸福。

女人，相信妳的智力、相信妳的廚藝、相信妳對廚房的經營能力。只要投注心力，就能做一個善於做菜的妻子。每週只需2～3次，抓住男人的胃，也牢牢抓住男人對家的幸福感覺，何樂而不為呢？

5、親愛的，我受委屈了——妳是我的保護神

人生在世，無法避免地，會遇到很多不如意的事情，學業、事業、家庭，受了委屈怎麼辦？首先恭喜妳，妳有一位男朋友與妳分擔，為妳解憂。

曾經看過一個漫畫：丈夫在公司挨了上司批評，只能回家對妻子發火。妻子莫名其妙，一肚子的委屈，正好看到了放學回家的兒子，於是將兒子當成了出氣筒。兒子也很火大，可惜人微言輕，只好把小貓踢出家門。可見，身為一個人，無論其性格內向還是性格外向，無論其社會地位是高還是低，無論其經濟收入是否高，他的心理承受能力總是有一個限度的。

其實，人的心理承受能力好比是一個兩端都有口的「球」，當一端的開口不斷地接受來自四面八方的挫折、壓力、痛苦，另一端的開口就需要不斷地將其釋放，這樣才能達到平衡。受委屈容易造成消極心理，看什麼都不順眼。這時候就要穩住自己，不要遷怒，不要亂發脾氣，要心平氣和，不要為了自己受了委屈，把大家都弄得不愉快。

但是，人的壓力總是要釋放的，如果釋放壓力的開口不通暢甚至被

堵住了，而新的壓力卻還源源不斷地進來，那麼這個「球」總有一天會撐爆的，人也就崩潰了。

那怎麼辦呢？

既然釋放壓力很重要，那麼傾訴是最好的方法。這時，戀人就是妳最可信賴的人。抱著他、靠著他的肩膀，把妳的委屈一一道來，從他的身上汲取溫暖和關懷。

請不要認為，自信的女人，就可以自己應付一切，自信的女人，就不會有脆弱的時候。其實，身為一個人，生活在社會之中，面臨著諸方壓力，不可避免地需要關懷和安慰，男人尚且如此，更何況是女人。一個自信的女人，在妳向男朋友展示脆弱的時候，妳依然自信。妳自信妳能闖過這關，但是現在，請容我發洩。事實上，當一個愛妳的男人，有妳靠在身邊，小鳥依人地訴說心中的苦悶，毫無保留地呈現自己的脆弱，他的心裡一定會產生一種無法抑制的感動，對妳頓生憐愛，下決心要好好保護妳，不讓妳受委屈。他會很溫柔很溫柔地摸著妳的腦袋，輕拍妳的背脊，在妳耳邊告訴妳，一切都會過去的。「妳是我的保護神！」如此溫暖的時刻，哪裡還顧得上自己的委屈，早已被幸福所淹沒了。

發洩了一下之後，可以和戀人一起做一些轉移注意力的事情，暫時把不愉快拋諸腦後。比如，一起去散步看星星，一起看一場電影，一起跑步，或是聽他對妳哼唱熟悉的歌曲……能做的事情很多，重要的是，二人世界，無論做什麼，都是他對妳的愛，想幫助妳擺脫苦悶。

傾訴過了，冷靜過了，然後，和戀人一起把情況分析一下，聽取他的意見，這時的妳就心平氣和了，想法也比較客觀了。如果是在工作中和同事鬧了彆扭，也許主動言和是解決衝突的好辦法，化被動為主動，運用自己的智慧和團隊精神與別人更好地合作，增強在職場上的適應能力，以取得更好地發展；如果是被上司冤枉了，那該尋求怎樣的辦法澄清自己呢？是找上級說明，還是用自己的行動來證明？如果是某次重要的考試沒考好，那麼也許安排好時間，好好補習，以期在補考中揚眉吐氣是一個好辦法。總之，要冷靜地分析問題，並商量好對策，拔除自己受委屈的根源，能幫上妳，妳的戀人也會非常開心。你們一起度過了這一段讓妳傷心的時間，感情蒸蒸日上了，不是嗎？

　　那麼，如果男朋友本身就是讓妳受委屈的根源——這種事情很多啊，戀人之間的吵架，不理解、不尊重、不關——那怎麼辦呢？

　　首先還是那句話：要穩住自己，不要遷怒，不要亂發脾氣，要心平氣和。不要吵鬧，吵鬧並不是一個自信女人應有的行為。撒野取鬧，這樣的方式硬逼來的妥協，也許不是出於他的真心，這樣的妥協，妳要嗎？你們之間的結依然存在。吵鬧並不能解決問題，反而顯出妳心裡的怯懦。相反地，先讓自己冷靜一下，不要讓激烈的情緒引導妳做出不該做的事情。宣洩吧，想哭就哭，誰的眼淚也不能賣錢呀，哭就哭吧，哭完了可能就不覺得那麼委屈了，心理學家說：「哭笑自然，不壓抑自己的情緒，對心理健康大有好處。」轉移注意力吧，聽聽音樂，上網瀏覽，也許妳覺得索然無味，但有助於妳從受委屈的焦躁中冷靜下來，恰當地處理問題。

　　審視一下你們之間發生的事。是什麼原因讓妳覺得受了委屈？妳想要的是什麼？這個要求過不過分，他能不能給？我能不能忍受他不能給我這個我想要的東西？我們矛盾的結在哪裡？有沒有法子解決？自信的女人，總是會把問題探索清楚，然後不慌不忙、不卑不亢地與對方溝通。

　　對，就是溝通。溝通很重要，妳們有什麼誤會，或是有什麼不同的觀點，都可以攤開來說，戀愛的旅途中，理解對方很重要，只有心與心的溝通，才能達到感情的昇華。

　　小佩告訴我一件事：她是那種比較獨立的女性，骨子裡不想依靠男友太多，男女平等，對待錢的問題也是一樣，她總是比較主動地掏錢，而男友也由著她。兩人約會經常是男友到她這邊來，然後再一起去其他地方逛，由於是在自己的地盤，她總是很主動地掏錢買兩人的零食，有零錢就付車費，時間長了，她就生氣了，越想越生氣。她說：「細算起來，我花的錢比他花的稍多一些，他怎麼就不能遷就一下我呢？憑什麼每次都

是我買零食、付車費？」她覺得很委屈，人家女孩跟男友出去都是坐享其成，而她為什麼就要如此。她很委屈地找了個機會跟他男友抱怨了一下，她男友大驚：「我從來不知道妳是這樣的想法！我覺得，兩人在一起，做什麼事情都是自願的，我自願老遠跑來看妳、自願為妳捶背、自願為妳搬東西做苦力。不要勉強做任何事情，妳掏出了錢，我就不反對了，妳慢一點的話，下一步我就掏出來付錢了呀！」那次兩人在一起探討了很久，瞭解了對方的心意和想法上的誤會，「我們比以前更好了，沒有了心結，我更快樂了！」她說。

如果經過分析，發現是自己不好，那麼，自信的女人，妳要勇於承認錯誤。愛情的世界裡，在戀人面前，面子並不是要死命維護的，妳不對就是不對，妳的坦然反而能贏得他的尊重，加深你們的感情。

但是，如果是對方的錯，那麼，堅決要求道歉。自信的女人有理的時候，總是不輕易妥協，如果輕易就原諒了對方，會讓他覺得妳好欺負，覺得妳離不開他，慣壞了男人，以後受傷的還是自己。依對方表現決定要不要原諒他。如果他夠真誠，並有實際行動為證，那麼，開開心心繼續你們的愛情，不要把這次的矛盾放在心上，可能的話，把它拋到九霄雲外。原不原諒他，要聽自己的心說話，千萬不要違心地重新接受他，你們的心結卻還在。愛情這東西，要用真心來呵護啊！

6、給他自由——妳是我的風箏

男人與女人，天生的歡喜冤家，彷彿就是為彼此紛紛擾擾糾纏而

生。他追她，她粘他，一個願打一個願挨。不過，物極必反，正如追得急了女人會惱，粘得過了，男人會怨。

男人要的是一杯水的溫柔，如果女人給了十桶水的份量，太幸福了，卻幸福得讓男人吃不消……女人可能很難想像，沉重的愛會讓男人疲憊不堪。

A和女友熱戀。上班每隔一個鐘頭，電話就打進來，「你現在在做什麼呢？」女友在那端甜聲問。A明白那是無窮盡的關心能量在起作用。可是他覺得煩，覺得女友像塊藥膏貼在身上，雖然有療效，皮膚卻癢得慌。

B和女友每次出入某些場合，她都像八爪魚一樣緊緊纏著自己的手臂。「乖，妳自己去找那邊的女孩說說話吧！」「我不，我就要和你在一起。」B心裡一陣無奈。

C是個足球迷，有一回邀幾個哥兒們來家裡看球賽，圖一個回顧大學宿舍一堆男人論球的樂趣，可是女友卻非要膩在身旁。C甚窘，一堆大男人比他還窘。

女人總想做男人的貼心小棉襖，永不脫下，男人需要的則是脫穿自如的精緻外套。

粘著他，抓住什麼？

女人，妳可能只想到粘著他會抓住什麼。抓住他生命的每一個細

節，瞭解他的每一個舉動，把握他心情的每一絲變化。這樣，在他寂寞的時候，妳可以陪伴在旁；在他不開心的時候，妳可以逗他、哄他；在他需要妳的時候，妳可以交出妳的手……女人的愛，表現得無微不至，滴水不漏。

粘著他，會失去什麼？

小鳥依人的女人們，捫心自問：粘著他，他失去了什麼？他失去了和朋友交往的個人空間；他失去了思念的機會；他失去了寂寞的可能；他失去了心情低落的權力；他失去了偷看美女的樂趣……先不要著急，女人，以上這些都是一個正常男人的正常需要。他需要即使有了女朋友，依然可以和一票男人瘋在一起，縱情談論男人的話題，開著女性不宜的玩笑。他需要思念這罈酒來使愛情更濃郁，思念妳的笑、妳的吻和妳緊緊的擁抱，思念妳的話語和撒嬌。失去了才會懂得緬懷，妳不在身旁，男人才有機會回想妳的好。寂寞是可憐的，可是男人也需要偶爾可憐一下，就如一直吃糖會覺得糖不再甜了，偶爾讓男人嚐一下苦瓜的味道，他才會記起身邊有妳是多麼甜蜜。好女人都會在男友心情不好時安慰他，他會真正的開懷，也可能是為了不讓情人擔心而假裝開懷，再偷偷地黯自神傷。心情的起伏是一個轉盤，總有這麼幾天莫名低落，那是情緒的一個出口，有退才有漲。如果一個男人被剝奪了退潮的權力，直直高漲的情緒反而會讓他心力交瘁。有人說：「欣賞美女是男人的天性。」即使在他有了情人之後，偷偷看美女依然是他的樂趣。女人咆哮：「你愛我還看別的女人！」男人覺得委屈：「我看是因為對美的欣

賞，沒有其他意思。」男人可以愛妳愛到發狂，但是依然偷偷看美女……

小鳥依人的女人們，再捫心自問：粘著他，妳失去了什麼？女人失去了自我；失去了對他神秘的誘惑；失去了結識其他異性的機會。粘著他，女人，做的每一件事都和他有關，都是為了他而做，那還有什麼事情是單純為了自己做的？一個人存在下去的價值是為了自我。如果妳已經變成了他的附屬品，自我的價值在哪裡呢？太緊密的距離，讓男人對女友一窺曉全貌，神秘感不再，吸引男人探索未知事物的魅力也不在了。任何人都需要朋友，都需要異性朋友，不論是在妳單身的時候，抑或是戀愛之後。和某個男人的親密無間，不應該變成束縛人際交往的枷鎖。然而粘著他，還有哪個男士敢上前與妳結交呢？

「人說戀愛就像放風箏。」

聰明的女人是自信的女人，不要將他多綁住一秒，妳也知道天空多美妙，讓他飛翔，讓他回復男人征服的本性擁抱藍天。正如張雨生歌中所唱「我是風箏，有一根線在牽引」，那根線就是愛，聰明的女人就在那根線的端頭。引著他躲過樹木的纏繞，避過房屋的遮罩；陪著他熬過風雨，等待藍天。自信的女人抓住男人的心，而不是粘住他的身。自信的女人放男人自由，她知道他飛不出她的視線。自信女人的溫柔適可而止，她知道滿足的男人會變成懶漢。自信女人的體貼點到為止，她知道留點空間給男人，才不會磨滅他追逐的本性。因為女人相信自己的重要，她是風箏的家，是風箏的根。

7、電話那端的他——思念讓愛零距離

在這裡，我們並不談論異地戀，因為那是需要花一本書的空間去探討的。在這簡短的兩千字裡，我們只說，自信的女人面對出門在外的情人，怎麼辦？

心理學裡關於溝通怎麼說

可能是短暫幾天的出差，或是維持數月的派駐，由原先的朝夕相對，到相隔兩地，或許還有一點時差……聽著電話的聲音，面對郵件的文字，皆是高科技的產物，有一個共同之處那就是冷淡而無表情。他的挑眉、瞪眼、嘴角微揚、皺眉、笑而露齒、眼睛瞇成線……這種種的動態表情都只存在於我們的腦海中。女人們根據平日對他的瞭解，從話語，甚至是平面的文字中看出端倪，猜出他的表情以及推測他的心境。這樣的溝通多繞了好幾個彎。正如我們大家小時候都做過的一個遊戲：老師把一句話告訴最前排的一個同學，傳至最後一個時總是走樣得五花八門。哄堂大笑之後，老師總是解釋說：傳遞的路程太長了，任何環節都有可能出錯。我們的遊戲中只是一句單純的話，而我們平時在溝通時，傳遞的不是單純的話而是思想。所謂思想，就是語言背後的含意。妳知道嗎？兩個人面對面，其中一人說了一句話，他是透過什麼傳遞他的思想的呢？有人說：「話呀！」如果妳聽到：「今天上司交給我很多工作。」妳能準確地知道他的思想嗎？所以說，傳遞的工具遠遠不只口頭語言呢！還有臉部表情、肢體語言，以及一些語氣助詞等等。如果他上身湊近妳，臉上掛著得意的笑，傻笑兩聲說：「今天上司交給我

很多工作哦！」妳此刻一定猜得到他是在高興，或許是因為得到了上司的認同，或是因為他認為這是他顯示才幹的好機會。現在我們將這一情景移到兩人分隔兩地的情況，電話這端的妳，或是電腦面前的妳有把握正確理解對方的意思嗎？恐怕出錯的機率很大吧！出錯了，輕則致使溝通失敗，嚴重的則會導致誤會，甚至引起不愉快。尤其是女人，人說女人是口是心非的動物，其實，這並不是因為女人愛撒謊，而是因為女人在傳達資訊時，比男人更喜歡和善於運用表情和肢體語言。「我討厭你」這一句對於女人們並不陌生吧，一個女人一輩子可能說過一千遍「我討厭你」，其中真正要表達其字面含意的恐怕還不足5%。當妳依偎在他懷中，撒嬌捏他鼻子，嬌嗔道「我討厭你」，恐怕很少有男人會認為妳在罵他，大多只會逕自傻笑吧？但是，如果換成是電話，語調把握不好，

或者是聽電話的不夠機敏，呵呵，很可能就引起對方那個大男人的不悅了哦！如果換成是簡訊或是郵件裡說這句話，有可能讓一場戰爭正悄悄拉開帷幕……

做一個懂得經營距離的女人

花了這麼多筆墨解釋心理學的一些東西，目的就是想讓女人們明白：相隔兩地，如何讓愛繼續，如何讓思念越來越濃而不摻雜吵架的陰影？成功有效的溝通才是最重要的！

有些女人會反駁說：我相信我們的愛不會因為時空而淡忘。亦有些女人說：我們的真愛怎麼會連空間都戰勝不了呢？她們很有自信，很棒，但是，我想說一個聰明的女人如果只有信念而沒有「手段」就是可悲的盲目自信了。所以，我們在相信自己和情人的感情的同時，要做一個懂得經營距離的女人。

有效溝通搭建鵲橋

和情人有效溝通，是每一個聰明的自信女人需要做好的。那麼怎麼做呢？我想提醒女人們注意以下幾點：

（1）避免說反話。雖然女人們平時愛以說反話來調劑生活，並且以男人能夠猜對女人的意思來衡量他對自己的瞭解程度。但是，當只剩下口頭語言可以做為參考時，女人們要慎用反話，因為它可能

成為誤導思想的一號兇兒哦！不要責怪男人笨或是氣他不夠瞭解妳，心理學家做過試驗的，這和智商無關。

（2）不要讓他的腦袋轉太多彎。每轉彎一次，資訊在傳遞、解析、再傳遞的過程中，都有可能出錯。轉彎越多，出錯的機率當然就越大。

（3）不要天真地認為他可以想像出妳的表情。不要把妳的男人想得太聰明了，隔著電線的溝通，基本上只能依據語言的表達。

總之，和他坦誠地溝通，並引導他也同樣對妳。同時用一些語言技巧，比如重複以再次確認等，盡量避免誤會產生。一旦發現誤會發生，儘快化解它。不用緊張，別就這樣滋生「溝通都困難的兩個人不合適」的念頭，無須把它看得太嚴重了，如果妳和他都明白在最前面提到的知識，就會相互理解的。

沒有了雜質，思念是一杯很醇的酒

沒有了誤解的陰影，思念真的是一個很不錯的感情升溫劑。「小別勝新婚」是有其道理的。女人啊，讓他知道妳有多想他，不過千萬不要表現出依賴哦！妳的思念使男人甘之如飴，如果妳表現得離開他就寸步難行，那麼他除了一點點驕傲之外，就剩下看輕妳了。自信的女人要在男人不在身邊的時候，獨立且自主，好好地照顧好自己，好好地享受每一天，好好地和他醞釀思念這杯酒。用我們的行動讓男人知道——你已進駐我的心，但是你帶不走我的全部。女人們，不滿足才是男人進步的動力！

8、親愛的，你辛苦了──溫柔殺手

都說女性是陰，男性是陽。當男性的陽剛，碰上女性的溫柔時，即使堅如鋼鐵，仍然會化為繞指柔。不得不讚嘆造物主的神奇，讓陰陽兩類生物相生相剋，相依相戀。在女人的溫柔面前，男人一點辦法都沒有啊！

女人的溫柔能給男人的心靈取暖，就像張學友唱的：「就算天空色彩不再現，就算北風帶走溫暖，就算星星藏在遠處黑暗一生都不再閃，妳這溫馨的心仍是那麼溫柔無窮熱暖，給我熱情和暖。」男性雖然外表剛毅，其實內心仍然像孩子一樣，渴望溫暖，而這個溫暖的熱源，就是女性的溫柔。他們需要女人的柔情似水、輕聲細語、輕憐蜜愛。妳的溫雅如蘭的外表和氣質，吐氣如蘭的聲音，含情脈脈的眼波，深深吸引著異性，溫里安有本書叫《溫柔一刀》，溫柔，可以殺死一個男人的，對於男人，那是致命的誘惑。

在男人痛苦憂傷的時候──工作中遇到挫折、人際關係危機、疲勞、受冤──她的微笑，是治癒傷痛的良藥，靜靜地聽他訴說，安撫他受傷的心靈，她寬容而善良，像珍珠般溫潤幽雅，她是永遠的溫柔的港灣，讓人安心不用設防。有她在，才讓男人格外堅強。

在男人高興得意的時候──取得了成功，獲得了獎勵──她的溫柔，是和他分享喜悅，真心地為他高興，熱情地在他面前展示美麗。她的嬌柔，怎能讓男人不好生呵護，放在手心裡來疼愛呢？

當然，比起得意的時候，男人在脆弱時，更需要溫柔。妳能陪他走

過艱難，這種感情，遠比分享快樂來得可貴，讓人感動。

有的女性可能會認為，與其說是展現溫柔，還不如說是在討好男人，聽他發牢騷，幫他洗衣做飯，這樣的愛，是不是太cheap了一些，我是一個有自信的女人，我不要臣服在男人手下。其實這種看法，是只看其外表，忽略了內涵。自信和溫柔是不矛盾的。自信，並不等於冷傲。世上存在著各式各樣不同的女人，內向的、開放的、熱情的、內斂的……都可以是自信的，而自信的方式則是因人而異的。內向的女子，對男人露出靦腆的微笑，是矜持的美；熱情的女子，把她的活力散發出來，感染身邊的人，是火一樣的美。做妳自己，深信自然的妳是最好的，那就是自信。妳的溫柔，也是妳的自信：妳自信妳能給男人溫暖，妳自信妳能陪他度過難關，妳自信妳能吸引他的全部視線，讓他忘卻不快……

聰明而自信的女人，懂得能屈能伸，男人可以是女人的護花使者，但女人，要用自己的魅力和自信，時時刻刻也給男人信心——寶貝，我放心，我樂意為你付出全部的愛。

那麼，如何展現溫柔呢？各人可以有各自獨特的方法，這裡只是提些許的建議，希望可以給女性朋友們一些啟示。

第一，用微笑面對戀人。

且不說微笑是長壽和健康的處方，微笑，首先是愛的傳達。妳的溫柔和包容，透過微笑，傳遞給妳的戀人，讓他忘記煩惱，妳笑著，就是

在對他說：沒關係，世界上還有很多美好的東西，不是嗎？

第二，用眼神說話。

眼睛是靈魂之窗，眼神是騙不了人的。深情地凝視他，讓他在妳溫柔的眼波裡看到愛情、忠誠和美麗。感動於妳的真誠的同時，他也自然地會同樣深情地凝望妳，這時眼神變得深邃，你們的愛，在默默地對視中昇華。真的，妳的溫柔，他這樣就能體會得到。

第三，善用肢體語言。

溫柔地觸摸他，一個大大的擁抱、抬頭一個輕輕的親吻、輕拍及愛撫，這些都是表現愛與關懷的極好方式。藉由妳的手心，傳遞給他妳的溫度；妳柔軟的嘴唇，碰觸他同樣敏感的唇瓣，濃濃的愛意，頓時融化冰雪；像對待孩子一樣，女性展現自己母愛的包容和溫柔，輕拍他的背，安慰著他，靜靜地，愛在流淌。我們都需要這些——比我們願意承認的還要需要！

第四，小事上下工夫。

女性的溫柔，恰恰體現在小小的事情上。比如，一句：「路上小心！」後送他離開；他帶著疲憊回來了，微笑地接過他的公事包，「親愛的，你辛苦了！」給他墊上一個柔軟的坐墊，沏上一壺他愛喝的茶；夾給他他愛吃的菜，為他舀上一碗湯；輕輕地給他捏捏緊繃的肌肉，捶捶雙肩……這些事難嗎？不難，很小，但有的女人想不到。男人並不需要妳為他做什麼轟轟烈烈的事，他們只需要妳心中有他，細細的小事中能關心他，這就夠了，這就足以讓他忘記一切不快，沉溺在妳的愛中

了。

溫柔，是安靜的。此時無聲勝有聲，不需要太多的言語，靜靜的溫存，把你們倆包圍在一個僅處於你們的空間，溫馨，在空氣中蕩漾；愛意，驅走疲勞，趕走不快；親愛的，你真好。

但是，我們要記住，展現溫柔也有個尺度的問題。不足夠的溫柔，讓男人沒有歸屬感，少了一些快樂；但是，太多的溫柔，則是對男人的嬌寵，所謂「生活的剛性」，一旦妳溫柔氾濫，男人習慣了妳那麼多的付出，反而不知珍惜，妳只要稍微鬆懈一下，他就會認為妳不夠愛他了，只許前進不許退，這樣的愛，好累。

溫柔要展現在有需要的時候，或是不時做為在生活中的點綴。我對你溫柔，是因為我愛你，而不是在討好你。

溫柔殺手，把男人緊緊拴住，不愛妳都難啊！

第2節 他的他／她

這一部分，我們把焦點集中在他的他／她，即男友的生活圈子，包括他的朋友、家人，乃至前女友（如果有的話）。

人都是生活在社會關係中的，妳和妳的戀人也不例外。無論兩人的世界是多麼甜蜜，無拘無束，你們終歸要面對社會，受到其他人的審視，以期得到社會的認可。他，如果是一個善於交際、受歡迎的、成功的人，他的人際圈子必然很大——妳也希望他的人際圈子大一點的，對

不對？而他願意帶著妳，出現在其他人的面前——恭喜妳，他是那麼在乎妳，希望得到普遍的承認。

這時候，妳和他，就是一個連在一起的整體了。妳的身分是：某某的女朋友。然後，大家的眼光就都飄向妳，然後神秘地朝妳笑，天知道他們心裡在想什麼……呵呵，一下子冠上「女朋友」這個頭銜來被大家欣賞，的確有些不習慣、不自在，但是，反過來說，這也是妳表現自我的大好機會。

男人都是愛面子的，這時候，妳的表現已經和他的面子聯繫起來了。記住我們的話：自信的女人最美麗。還有另外一句話：只要妳相信妳能做到，妳就能。相信妳去見他的朋友、家人，肯定能給他帶來光彩。不是嗎？妳在自己的朋友圈子中、職場中、戀人面前，都面帶自信的微笑，遊刃有餘，並贏得廣泛的好評；在戀人的人際圈中，妳還是妳，一個自信的、有魅力的女人。

大大方方地，去跟他們打招呼；妳是某某的女朋友，妳是最適合他的伴侶。把妳自己展示於人前，讓他們驚訝於妳的美麗，讓他們感慨妳男朋友的好福氣，找了這麼好的一個女朋友。

人生活在世界上，不可能獨善其身，總會受到周圍人的影響。聰明的女人，懂得利用這些影響，這些戀人身邊的人哪，一人說妳一句好話，妳的男朋友就會開心上了天。妳的好，就是妳男朋友的好，妳男朋友受到的誇讚，都會回饋到妳的身上，他越發想到妳的好，就越發把妳當成寶貝來細細呵護和疼愛。

在他的朋友面前，表現得大方得體；

在他的家人面前，表現得溫柔體貼；

在他的前女友面前，表現得不卑不亢；

有女友如此，夫復何求。

1、「他是一個好男人」——面對他的朋友

所有女人都迫不及待地期望男朋友將自己介紹給他的朋友認識，因為那代表他重視女友。

面對他的朋友，女人是緊張的，因為女人總希望自己能夠得到他的朋友的認同。

男人可以接受女友可愛的小缺點，但是在公眾場合，也就是在朋友們面前，男人總是希望自己的女友是一個大方得體、知進退的好女人。在私底下，女友可以撒嬌、耍脾氣，男人視為愛情調味劑；女友可以稱呼自己任何昵稱，男人視為是女友的古靈精怪；男人不介意女友將自己當成活動沙包，反正她的花拳繡腿根本像是在撓癢癢。在公開場合，一

切變得不同。不是男人虛偽，而是男人需要適應社會。

面對他的朋友，女人怎麼辦？

他的朋友、我的朋友

不排除這種可能：他的朋友有一天會變成我的朋友，但在這之前，他的朋友和我的朋友界限非常明顯並且不宜逾越。我的朋友面前，我可以表現自我，不接受真實的我就無法成為朋友。在他的朋友面前，我是他的陪襯，為的是讓他們更加接受他。在我的朋友面前，即使是異性，也可以親密到做死黨。在他的朋友面前，距離是美的，太近了只會造成尷尬。

他面前的我、他的朋友面前的我

女人不要天真地認為：男人喜歡怎麼樣的妳，就希望妳在他的朋友面前也是如此。在公開場合，每個男人都有一個理想中的女友模型。他可能會主動告訴妳，但大多時候他並不會主動要妳遵循，只是心中默默期望。也有可能，他自己並未意識到，只是在妳的不合宜舉動之後顯露不高興，其實妳的那個「不合宜」舉動在私底下再正常不過了。所以，聰明女人懂得區分男友面前的我和男友的朋友面前的我，這其中，溝通是必須的。讓他親口告訴妳，他希望妳怎麼做。女人們，耐心地聽，不准生氣或反駁，那不是他要求太多，而是這個社會要求太多。

自信的大方

　　即使妳是怕生的，初見他的朋友，不要做羞怯低頭狀，那只會讓妳的男人很難堪。即使妳不敢對上眾多陌生人審視妳的眼光，妳也要為自己壯膽，含笑掃視所有人，點頭打招呼。雖然，在掃視的剎那，妳什麼都沒有記住，對方依然會以為妳真的看了他，給了他初見的尊重。彬彬有禮會為妳贏得他朋友首次見面的好印象。

展現甜蜜的笑容

　　坐下來面對面，他的朋友們不免會圍繞妳與他的關係八卦一番。此時的妳，還未從眾多陌生人的壓迫感中習慣過來，舌頭似乎還有一點點打結。不要緊，先拿笑容應對他們吧！甜甜地笑一個，暗示大家他是那個給妳幸福的男人。

不吝嗇真誠的讚賞

　　男人都是要面子的，在他的朋友面前，不失時機的真誠誇讚他，妳會感受到他有多得意。讚賞是一門藝術，一要真實，二要到位。誇讚的基礎是實事求是，相信那個妳愛的男人，必有很多值得讚賞的東西，不要偷懶哦，把它們挖掘出來，呈現在他的朋友們面前，相信會收到很不錯的效果。誇讚的用詞不是越誇張越好，天花亂墜只會讓別人覺得妳是

在吹捧，很含蓄的用詞配上膩死人的甜笑，反而能讓大家更清楚地推測到男主角的豐功偉績。

他才是主角

雖然大家的目標可能是見妳男友的「家屬」——也就是妳，不過聰明的女人永遠記得，在他朋友們面前，主角永遠是他。一陣子的相處之後，妳已經能夠對答如流了，臉紅心跳的症狀也明顯減輕。千萬不要得意忘形哦！不要試圖表現妳的活潑，男人永遠認為恬靜是淑女的德行。配角喧賓奪主，主角可是會生氣的，再者，周圍的觀眾也會為主角惋惜的。

不要試圖反駁他

自信的女人和男人是平等的，辯駁是兩個人共有的權利。聰明的充滿的自信女人懂得辯駁的藝術，更加懂得辯駁的時機。在他的朋友們面前，不要試圖挑戰他的權威。因為，在人前，男人都喜歡做一頭雄獅。女人，配合一點，實現他的願望，私底下，他可能只是一隻溫順的小貓。

距離適可而止

他的朋友屬於他的交際圈。再相愛的戀人也要為對方留一方私人空

間。人類是喜歡熟悉事物的動物，所以我們要和一個人戀愛很久；人類又是喜歡新鮮事物的動物，所以我們還要一個獨立的人際圈。有自信的女人，沒有必要把自己的魅力過多地用在他的朋友身上。任何一個男人都希望自己的戀人得到朋友們的讚賞，同時，沒有一個男人會希望自己的朋友為戀人的魅力傾倒！

2、「我會一直對他好」——面對他的家人

妳要和他一起去見他的家人了，多麼讓人興奮而又忐忑不安的事啊！一方面，男友帶妳回家，把妳隆重地介紹給家人，是愛妳的一種表現，幸福圍繞著妳；另一方面，除了妳，家人是他生命中最重要的人，妳要努力給他們留下好印象，妳會害怕、會不安，生怕自己做得不好。的確，有時候，越是在乎的事，就越是艱難，越是緊張。

沒關係，相信自己，能做到最好。

第一，妳要明白，在這個世上，妳愛他，他的家人也和妳一樣愛他。

血濃於水，這樣的親情呵護著他走過了那麼多年，妳應該感謝他們，養育了這麼一個好男人。親情是無私的，也是樸實的，他們絕對不會刻意刁難，他們只是真心希望，他的另一半也能真正地愛他、疼他。

愛他，妳也會愛他的家人。生活的核心是人，妳愛妳的男友，妳將要嫁給他，當他今生今世的妻子，妳們即將是一家人，那他的家人也就是妳的家人。我相信只要妳真心去對待他們，真心把他們當作自己的家人，總會相處好的。妳和他的家人，有著相同的感情寄託，是一體的呀！

第二，男友的媽媽，是妳首先需要尊重的。

一個操勞了那麼多年不斷付出母愛的女人，在面對妳的時候，心情是很複雜的。第一，妳是她兒子愛的人，她愛屋及烏，當然也會愛妳；第二，她疼愛兒子那麼多年，一直是兒子心目中最重要的女人，現在，突然冒出另一個女人，佔據了兒子那麼多的愛，要和妳分享他，她難免會有些神傷；第三，她明白妳對兒子的重要性，願意把兒子交給妳照顧，但是身為一個母親，她不容許妳對她兒子不好。

小瑜在這方面就做得很好。第一次跟男友回家，他的家人很開心，很久沒有見到兒子，這回又帶了女朋友回家，家裡殺雞宰羊，很是熱鬧。飯後男朋友的爸媽要和他們一起出去散步，她察覺到，他媽媽看著兒子，一臉的複雜，她很久沒有見過兒子，想和兒子走在一起，但又很

顧及小瑜，欲走上前，又停住。小瑜雖然已經很習慣和男朋友牽手走路，但她立刻做了決定，把男朋友讓給他媽媽。她自動跑到男朋友的爸爸那邊，和他爸爸聊起來。她媽媽很開心地挽住了兒子，同時對小瑜投以燦爛的一笑。愛他，不一定要時時佔有他。愛是無私的，特別是面對同樣愛他的人時，不妨豁達一點。

第三，相信自己。

妳能得到男友的愛，說明妳是很可愛的女人，妳值得一個男人為妳付出終生的愛，那麼，妳也一定能得到他家人的認可。大大方方地，把可愛的妳，展示給他的家人，告訴他們，他沒有選錯人。最忌諱的是扭扭捏捏，被動地一問一答。放輕鬆吧，妳的自信、美麗，同時也給了妳的男友自信，找到妳，是一件多麼幸福的事啊！讓他的家人接受妳、喜歡妳，他會感到很幸運遇見了妳。

第四，在他的家人面前，要表現出妳的賢慧。

畢竟，賢慧是很多長輩心目中好媳婦所應該具備的特質，這樣他的家人才能放心地把他交給妳。用妳的行動表現給他們看。

不要把自己當成是客人，家裡在為迎接妳張羅著，不要閒待著，去幫幫忙；吃完飯了，收拾碗筷。雖然他們很可能不讓妳做，但是，還是要表現一下的嘛！做多做少是一回事，做與不做又是另外一回事了。閒來給未來婆婆捏捏背，為未來公公裝裝菸絲，小小表現一下，他們就會

非常感動。

　　晶晶暑假去男朋友家待了一週。她很主動地去洗菜、洗碗，但是沒有一次成功，因為，男朋友的爸媽不讓她做。有一次，男友的爸媽都出去了，她就拉著男友出去買了菜，然後兩人在廚房裡張羅。他爸媽回來，看到桌上的幾個好菜，以及他們兩個忙碌的身影。頓時，他們就非常開心，一個勁地誇晶晶懂事。再加上男友在二老面前的美言和略顯誇張的言辭，二老簡直把晶晶放在手心裡疼了，對她比對自己兒子還好。晶晶很高興地對我說：「幹點活，永遠不會虧。」

　　還有，對方家裡為妳張羅了很多，一定要買點小禮物做為感謝，禮物不在貴重，重在心意。妳的心意，他們能感受得到。

第五，在男友家中不比在自己家，稍微收收自己的脾氣，適當聽男友的話。

　　男人，總是要面子的，男友的家人，也希望兒子在女友面前抬頭做人。小事，不妨就順從他，沒有什麼大不了的。甜甜地依著他，對方父母看在眼裡，樂在心裡。

第六，如果不習慣那邊的生活方式的話，不要試圖把自己的習慣強加於他的家庭。

　　有時候，由於地區文化和生活習慣的差異，到了男友家中，妳可能

會發現很多與妳的習慣很不一樣的東西。比如，他們會開一些善意的玩笑，雖然在妳看來有些過火；或是他們給妳吃他們覺得是好東西，而妳卻覺得很噁心的東西。只要男友的長輩和親戚的生活習慣，沒有危及妳的莫大利益和生命安全，嘗試去忍耐。何況，還有妳的男友護駕呢！不會讓妳受委屈的。一時的忍耐換來的是家庭的和睦和妳與男友的甜蜜。相信我，沒有一個男孩子會喜歡一個對自己從小到大的生活環境和自己長輩舉止百般挑剔的女子的。如果愛他，就忍耐，一年365天，就忍那麼幾天，無傷大雅的。生活不可能事事如意，關鍵看妳怎麼對待它。有時候阿Q一點未嘗不可。

生活的重點是相處，不應該強求對方為妳改變。遇到不如意的事，就一笑置之。呵呵，充滿自信的女人，什麼場景應付不來呢？

最後，我要告訴妳，和對方家人處好關係，得到他家人的疼愛和支持，妳就又有了一帖愛情的穩定劑。和男朋友鬧彆扭時，有這麼個強硬的靠山，嘿嘿，不怕他欺負妳。

3、「妳給了他很美的回憶」——面對他的前女友

說到男友的前女友，很多女人會頭疼。直接面對她的機會應該很少，大多數的女人，一輩子都沒有機會直接面對他的前女友。但是，她卻確確實實地存在著，她佔據了男友過去一段時間的回憶，她曾經是男友的最愛。一想到這，女人們就會下意識地緊緊扒住男友：你是我的，別人搶不走！同時，拿起刀槍，隨時準備自衛反擊戰。

呵呵，沉浸在愛情中的女人真是很可愛，那一副認真的表情和強烈的佔有慾讓人又愛又不捨。會吃醋的女人是可愛的，一股酸溜溜的味道，說明她愛你啊！愛一個人，自然而然就會有佔有慾，不是嗎？妳會吃醋，男友也會覺得欣慰。上次無意中看到小琪的男朋友正無比憐愛地摸她的小鼻子：「吃醋啦？放心，我只屬於妳。」那種溫馨，讓我忍不住泛起笑意。情侶之間的嬉笑嗔怪，也只有他們自己才能樂此不疲，喃喃細語，全是愛的叮嚀。

但是，凡事都得掌握尺度。當吃醋變成嫉妒，我相信很少有男人能從中體會到美好了。會吃醋的女人是可愛的，會嫉妒的女人是可厭的。聰明的女人，不會讓自己扮演這種讓人生厭的角色。

美美總是那麼衝動，她一個人坐在床上發呆，為她今天的表現後悔不已。男友今天表情凝重、非常認真地向她講述了他以前的一段戀情。他完全坦白，因為他覺得美美有知道這一切的權利。但是，當她知道了他們以前那麼多快樂和悲傷的回憶之後，卻發了脾氣，她無法忍受自己的男友被一個女子這樣的佔有，無法忍受男友心中仍然有一個角落放著他和她的往事。她很衝動地撕毀了男友拿出的幾張照片——那是他的獨照，但是是她幫他拍的。男友愕然，隨即收拾了碎片離去。「這就是妳激烈的愛嗎？我會被妳燒成灰燼的。」他生氣了。

愛，到底是什麼？是寬容還是佔有？其實，愛的本質是佔有的，但是，因為我相信我已經佔有了你，所以，我會有我的風度，寬容你的過去。

嫉妒不是自信也不能贏得尊嚴。寬容他的過去，相信自己能給他所

要的愛，是自信，也得到他的尊重。一段失敗的戀愛，除非沒有投入真感情（沒有投入真感情的戀情，也不值得妳為他的前女友吃醋乃至嫉妒了），否則都會是一份傷痛。分手了、失去了，無論是雙方的不適合，還是外在原因的驅使，都是一種遺憾。很幸運地，他找到了妳，是妳的可愛，讓他從過去的傷痛中走出來，重新面對生活的美好，前女友已是過去，現在，只有妳能佔滿他的心。微笑地對他說：「我相信，我是你命中註定的那半個圓，你和她都曾經找錯過，但不是你們的錯。」

忌諱的事：詆毀他的前女友。妳很容易對他的前女友產生敵意，而且，女人的心思敏感又獨斷，往往把他的前女友歸為「壞女人」的行列。可是，她曾是他愛的人啊，妳詆毀她不就是在罵妳男友的眼光差嗎？他們因為不適合而分開，並不說明她人不好，妳也不是因為詆毀了他的前女友才顯得好。聽到妳詆毀的言辭，男友必然心裡不快，同時，也折損了妳自己的良好形象。

無端端地提起他的前女友來做為抨擊他的武器。「你對我不耐煩，你對某某也是這樣的嗎？」、「我看你啊，心裡就在想著重新去找她吧？」跟男友發生爭吵時，有的女人就會提起他的前女友，喋喋不休地謾罵和諷刺。這是對他極大的侮辱。一來，他會覺得委屈，他早已和前女友沒有什麼牽連，為什麼妳老是抓著不放，給他安上莫須有的罪名呢？二來，曾經的傷口，被妳撕開灑上鹽，對妳愛的人，為何要那麼殘忍，他會開始懷疑妳的愛。女人們，得不償失啊！

強迫男友說妳比他的前女友更好。很多事情是不可比較的。世界上比妳男友優秀的男人多的是，妳怎麼沒有愛上他？愛情之所以奇妙，是

因為它是沒有理由的。只有對自己沒有信心的女人，才會需要那有口無心的言辭來安慰自己。評價是自己用努力爭取來的，不是向別人硬討來的。

　　妳要做的事：客觀地思考問題。雖然他和她沒有在一起，但不管怎麼樣，他們曾經相愛過，前女友肯定有他欣賞的地方。沒有自信的女人才怕自己比不過她，才怕男友的腦中抹不去和她快樂的回憶。其實，妳也有應該感謝她的地方。男人，總是被女人所影響，在和女人的相處中不斷成熟。談過戀愛的男人，通常都比較懂得疼惜女人，珍惜這份感情；他的前女友教他很多他之前所不知道的東西，比如，女人喜歡什麼，女人的心思和男人是不同的。

　　小宇告訴我，前女友和他分手的時候指出，他總是

把女友放在最後一位，而先做自己的工作、先顧自己的朋友。「我只是想，女友是自己人，自己人就可以隨便一些嘛⋯⋯看來我錯了。如果我有下一個女朋友，我一定好好疼她，讓她做最幸福的人。」從失敗中汲取到教訓的小宇，相信他一定會成為一個好男友的。

不卑不亢地面對他的前女友。有時候，妳也有和他的前女友碰面的時候。保持自然，展示妳的好。大度一點，不會吃虧的，感動他，同時為自己贏得尊重。

小敏這次和男友昭偉一起參加他的高中同學會，碰上了他的初戀女友。她原本出國了，沒想到這個當兒，正好回來。遠遠的，她來了，別人一叫她的名字，小敏立刻知道她是誰。待走到面前，她看到了這個以前的男友，和他身邊的女孩，表情變得不太自然，他們已經好幾年沒有見到了。昭偉立刻介紹說：「我女朋友。」小敏對她甜甜一笑：「妳就是××啊？昭偉跟我提過妳，謝謝妳給了他很美的回憶。」「是啊，很久很久了。」她也自然地笑了。小敏感覺到，昭偉把她的小手牽得更緊了。同學會在融洽的氣氛中繼續進行。

「妳給了他很美的回憶。」多好的一句話啊！女人，對他的前女友，寬容一點吧！

第3節　他已成為我的「過去式」

愛情是世間最美麗的東西，也是最傷神的東西，因為它從來就不完美。很多事情並不一定跟我們想的一樣，可以那麼完美。愛情來了，妳以為那就是白馬王子，但，他又走了，原來是別人的王子⋯⋯

妳可能哀傷於愛情的遠去，也可能留戀王子的背影。

　　傷心不會永遠，時間會讓我們忘記那種痛，只是痛有長有短。

　　失戀，我想每個人的生命中都會經歷的吧！路走久了，偶爾也要停下來休息的，不是嗎？戀愛久了，偶爾也要停下來過單身的日子，不好嗎？

　　不要把「忘記」掛在嘴邊，愛情，不是說來就來，說忘就可以忘的。

　　試著放手，不要乞求挽回他，奇蹟很小，很難會成真。

　　愛情是一個天平，當一方走開，失去了重量，愛情的天平就已經失衡了。沒有平衡的愛情，已經沒有存在的意義。如果妳非要它存活下來，那也是沒有完整幸福的愛情。

　　當他放手了，再美、再妙的緣分也就到了終結的日子。如果妳沒有了遺憾，這樣的失戀是輕鬆的。只是，大多時候妳還會依依不捨王子的背影。他曾經為妳搭建一座城堡，給了妳很多美麗的回憶，讓妳覺得自己變成了公主，天底下最快樂的公主，妳曾經以為就要這樣過一輩子了。可是，有一天醒來，城堡不見了，王子騎著高頭白馬對妳說：「妳不是我要找的公主。」妳愣住了，是羞？是怒？是悲？是嘆？我想妳可能會脫口而出：「不要走。」妳不可避免地垂淚，讓悽楚的神情引發王子的憐愛。或許他果真猶豫了，或許他毅然走了。

　　他毅然地走了，再也不回頭，對妳來說其實是一種快速的解脫。他的狠心和絕然灼痛了妳，妳決定不再愛他了，並且有了一個很好的理

由。偶爾，深夜的思念悄悄爬上妳的窗沿，就如月光，皎潔、無瑕並且冰冷。他的愛情就是這樣，曾經愛戀的眼神、曾經眷戀的話語、曾經承諾瑰麗的真愛，但是一切慢慢變得冰冷且無情。他是那個走了就再也不會回頭的王子。

自卑是這種失戀的後遺症。妳甚至以為他至少會回頭看妳一眼，也證明妳值得有所留戀。女人，請相信我，不回頭的男人絕對不是因為妳不夠好，而是他不夠好。他只懂得追尋，唯一可取的是他很果斷。走了，就不再留戀，其實對女人，這種失戀是幸運的。

他猶豫了，一再回頭，對妳來說這才是慢性的毒藥。他的離去決定讓愛情涼了、裂了，再也難以還原成完美的模樣。他的優柔寡斷牽累了妳，妳失望於他的變心，但是卻掙扎於他的不捨。時而，他的身影那麼毅然地走出妳的世界，時而，他的親密就如不曾分開過。夏日的天空，陰晴不定，他的愛情就是這樣，陰雲遮蔽陽光時，他就在動搖。妳很難徹底恨這個王子，妳怨他破壞了完美的愛情模樣，無奈於他的搖擺，羈絆於他的藕斷絲連。這種失戀的後遺症是疲憊。對女人來說是不幸的，因為妳可能在拉鋸戰中耗掉了青春，也耗掉了對愛的癡狂。有自信的女

人，就不該用憐憫挽留他，女人不需要同情，因為女人不是弱者！聰明的女人，就不該垂死掙扎，因為失衡的天平終究會倒，沒有人能夠祈求到高貴的愛情，結局只會是分手、離婚或一輩子的不幸福。女人的戀舊就是作繭自縛，蝴蝶終會破繭而出，實現蛻變，可是代價是──歲月。

他昂著頭走了，卻垂著頭回來。告訴妳：「我明白了，妳才是我真正的公主。」此刻的妳怎麼辦？有人說「好馬不吃回頭草」，這時候斷然拒絕他是最好的報復。不過，有自信的女人永遠不是任性盲目的女人。不會意氣行事，我們永遠只做對得起自己心意的決定。愛情不能被乞討，但是能夠被守候。男人是不輕易低頭的動物，如果他承認他的離開是錯誤的，那麼他真的需要勇氣和決心。他回來重拾他的愛情，回來接走他的公主，那麼妳呢？妳是在真心守候嗎？那就跟他走吧！做一個健忘的快樂公主。如果妳做不到，就請不要跟他走，帶著受傷的心，懷著背叛的恨，妳做不到快樂，就不要把兩個人同時拉入火坑。

失戀有很多模樣，寂寞總是不期而至。城堡空了，妳似乎失去了一切，失去一切不要緊，不要失去自信。自信的公主耐得住寂寞，不用企圖逃到別人的懷中。因為為自己的白馬王子守候，只需要一個人。

第五章
自信讓妳雋永

第1節　婚姻是愛情的墳墓？

「婚姻是愛情的墳墓。」這句話讓多少人對婚姻的完美印象幻滅，讓多少人對婚姻望而卻步。在離婚率飆升的年代，影視、文學、身邊的例子彷彿都在昭示著美滿婚姻離我們越來越遠。從戀愛一路走來，情人是浪漫的、戀人是溫馨的，丈夫、妻子則是瑣碎的、油鹽醬醋茶的……每日的廝守澆滅了原先的好奇，繁瑣的家務凸顯了分工合作的矛盾，擴大化的人際圈引入了不可避免的分歧，外界的變化誘發了步伐的不協調。難道，「結婚」這個神聖的字眼，真的代表不幸的開始嗎？

結婚是正式脫離原生家庭（由父母和妳共同組成的家庭）的標誌，也是正式踏入社會的標誌。從結婚的這一天起，妳正式和另一個人共同組建了自己的家庭。在這個家庭中，妳和他是支柱，而不像原生家庭中，是父母羽翼下的稚鳥。家庭做為社會中的一個細胞，你們需要處理這個小細胞和大環境之間的複雜關係，從此妳和他需要共同地、獨立地面對很多問題。因為是「獨立地」，所以他是妳唯一的戰友；因為是「共同地」，所以他是妳註定的戰友。妳和他相互依賴，也相互衝突著。

結婚前的愛情是激情，結婚後的愛情是溫情。就在我們生怕忘卻了愛情的浪漫而擔心愛情漸漸死去的時候，愛意的溫馨和綿長便呼之欲出了。什麼是愛情？平凡和簡單才是愛情的真性情，千萬不要嫌棄它的溫和，時間長了，才能感覺其中的美好。

婚姻不是愛情的墳墓。如果是墳墓，那是因為妳缺乏經營。

結婚了，女朋友變成了妻子。女朋友要什麼？浪漫和熱情。那妻子呢？——一生一世的關懷與體貼。女友總是問：「你愛我嗎？」老婆總是問：「你會愛我一輩子嗎？」

　　結婚了，男朋友變成了丈夫。男朋友要什麼？溫柔和依賴。那丈夫呢？——一生一世的相伴與信任。男友總是問：「妳會離開我嗎？」丈夫總是問：「妳會陪我一輩子嗎？」

　　男人喜歡賴在女友的耳邊，不厭其煩的訴說著「非禮勿聽」的愛語……迷戀她感動時的晶瑩淚花，癡迷她回報以緊緊的擁抱……

　　男人渴望女友的依賴，他希望自己是她的大樹，為她撐起一片藍天。「你昨晚去哪兒了呀？」、「今天早晨你做什麼了？」女友嬌嗔的話語聽在熱戀的男人耳中是如此醉人。「你好在乎我哦！我想做你的袋鼠，天天兜著你。」

　　當熱戀走向溫情，當浪漫走入家庭，當二人世界加入小燈泡……

　　男人燙人的甜言蜜語漸漸減少，女人開始覺得：「我變成黃臉婆了，你不愛我了。」男人會頓覺委屈：

「我一點都沒有少愛妳，只是老夫老妻了，老說那些話多彆扭。」女人覺得被忽視，受氣了。男人覺得被誤解，也受氣了。有一位作家說：「女人總是喜歡聽到愛，而男人總是喜歡感受到愛。」「親愛的，你不說就是不愛我。」、「親愛的，我愛妳，只是不說。」男人和女人是如此不同。

男人有自己的事業和交往，不再願意和情人做連體嬰兒了。同樣的話語，感受卻如此不同。「你昨晚上哪兒了？」男人頓覺煩躁感爬上心頭「妳不相信我嗎？」 女人無語：「我以前也是這麼問的啊！」熱戀時的在乎與迷醉在婚後卻變成了查勤。婚前、婚後是如此不同。

親愛的，妳到底要什麼？

我們愛著對方，總是給對方自己認為最好的。女人要對男人體貼，但卻時而變成了囉嗦。男人要給女人信任，但卻時而變成了忽視。男人和女人如此不同，上帝卻要安排他們生活在一起。矛盾激化了，是自然規律，但是因為我們愛著對方，所以請大家深吸三口氣，柔聲問：「親愛的，你到底要什麼？」

有自信的妻子不是悍妻，也不會讓丈夫有機會得「氣管炎」。有自信的女人是聰明的女人，可以是溫文爾雅地佔據家中舉足輕重的地位，可以是談笑間「奪取」財政大權，可以是小鳥依人的小妻子同時擁有一片個人自由空間……自信的妻子懂得男人要什麼，懂得如何得到自己所要的。自信的妻子是嬌妻，只決定家庭小事。大事呢？當然交給男人。什麼是大事呢？嬌妻說了算！

第2節　美滿婚姻十大法寶

1、老媽和老婆，你先救誰？

許多女人常常對自己的丈夫咄咄逼人地追問：「如果我和你媽都落水了，你會先救誰？」這個問題折煞了許多男人，也讓諸多女人因為沒有得到心滿意足的答案而耿耿於懷。其實，這個問題到底有沒有標準答案呢？

在這裡，我可以堅決的告訴妳，「老媽和老婆，你先救誰？」這確實是一個不值得去爭論的問題，因為無論老公多麼愛妳，妳也無法替代他母親的份量。而且，妳只可以成為他的太太，卻不可以成為他的母親。千萬別犯和婆婆「爭老公」的「低級錯誤」，如果那樣，你們的婚姻將很危險。

所以，聰明的女人根本沒必要拿這個愚蠢的問題考驗自己的老公。不過倘若有一天他煞有介事地問妳：「如果妳和我媽都落水了，妳希望我先救誰？」那麼，妳該怎麼回答呢？

妳儘管大大方方地告訴他：「救你媽，不過記得扔給我一個救生圈。媽媽生你養你，她是你生命中最重要的女人，不過我很有自信一定可以排第二！」

相信他聽了妳以上這段真情告白，一定會感動不已，從此更加珍視妳的存在。

現在明白了吧，永遠不和婆婆爭寵！這不是自卑謙恭，也不是委曲求全，這可是「以退為進」的家庭策略，懂得這條鐵律，妳將換來老公加倍的寵愛。相信這條鐵律，更要相信妳自己！

下面，我們提供幾式絕招，它們將使妳在與老公、婆婆的家庭關係中如魚得水。

第一式：把婆婆視為自己的母親那樣照顧，盡可能的去體諒她。

雖然妳與她沒有血緣關係，但是妳們所愛的是同一個男人，因為他，妳必須學會和婆婆真正成為一家人。所以首先，妳在感情上應該接納她，真正地把她當作自己的母親一樣照顧。

第二式：與婆婆「求同存異，和平共處」。

現在做婆婆的這一代人，大多還是受中國傳統文化影響較深的賢妻良母型，她們不可避免的都還懷有那種男主外、女主內的傳統思想。她們總是認為妻子的重心更應該放在家裡，照顧好自己的丈夫和家庭才是最重要的事，工作並不是她們所應該付出太多的地方。如果兒媳婦工作繁忙，甚至連為老公做一頓可口飯菜的時間都沒有，那麼當婆婆的自然而然會覺得兒媳婦沒有照顧好自己的兒子，她心疼自己的兒子，又覺得做妻子的沒有盡到應盡的義務，最後當然會產生衝突了。

但是，妳很可能堅持認為：「我這輩子都不會為了家庭而完全拋棄

我自己的事業的，我才不會去做什麼全職太太呢！我有我自己的人生和奮鬥目標，我要和老公站在同一起跑點上，一起奮鬥、一起成長。我會先愛我自己，這樣我才有勇氣，也有條件愛別人。在家庭中，夫妻雙方應盡的責任是相等的，不能一味要求我的付出。」

　　那麼，怎樣調和妳與婆婆之間的分歧呢？雖然觀念上的衝突在所難免，但是避重就輕的辦法或許能夠讓妳和婆婆的關係柳暗花明。記住喔，不要與她在分歧嚴重的方面產生正面摩擦，避開觀念上的正面衝突，讓她感受到，至少，妳和她一樣愛妳的老公，並且妳和老公一樣對她愛戴有加。另外，妳可以不時地買些小禮物「討好」她，上了年紀的她通常會因為年輕人還時時記得她而心滿意足。

第三式：向老公瞭解婆婆的喜好。

老公肯定是最瞭解婆婆的人，畢竟兒子和母親是比較貼心的。在每一個細微之處，妳都可以向老公瞭解婆婆的喜好，投其所好，相信在妳的誠意攻勢下，婆婆也會因此而感動。比如，婆婆喜歡什麼口味、偏愛什麼顏色、樂意看哪個頻道的電視節目、她習慣買什麼品牌的食品或衣服、她最常提起的朋友是誰、她最懷念的往事是哪一樁……只要妳瞭解得越多，在生活細節上為她考慮得越多，並且與她的共同語言越多，妳就越能夠親近她，讓她像親生女兒一樣看待妳。

2、老公，拖地是你承包的哦！

傳統家庭中，女性沒有工作，嫁入夫家，就忙於操持家事，生兒育女，「三從四德」牢牢地鎖住了她們，不能有任何越矩的行為。女性依靠男性生存，被排除於主流社會之外。於是，地位也就低於男性；她們在家務中創造的價值，不僅沒有為社會承認，反而被認為是理所當然的。丈夫在家當大爺，妻子包攬了所有家務——這是典型的傳統家庭。

幾千年來的文化，根深蒂固。若古人見到現代的女性，經濟獨立、有自己的收入可以養活自己、和丈夫有了同等的婚姻生活的物質基礎，必定會瞠目結舌，大呼：「非禮也！」嘿嘿，現代的大部分女性，已經從古時候的怯怯懦懦中走出來，換上了自信的容顏。

但是，有的家庭，受傳統的影響頗深，還是以妻子為絕對主力來操持那些繁瑣的家事。在這裡，我要告誡這些女人們：妳這一味的承擔，

並不是在愛他，而是在毒害你們的婚姻。

首先，妳會把男人慣壞。

妻子在家凡事包辦，有時還會以丈夫忙、累、做不好等理由來為這種現象做合理化解釋。丈夫會被慣出毛病的！時間一長，他會認為妳所做的一切都是理所當然的，就應享受妳為他提供的全方位的「服務」，一旦因某種因素而「服務不周」，他會感到意外、反常，甚至會歸咎於妳，追究妳的責任。女人們，什麼叫「吃力不討好」，就是這般了。其結果，有可能造成衝突和雙方關係緊張，而實際上，妻子的這種做法，也是對丈夫的責任和能力的弱化。

其次，影響妳自己的工作。

很多女性都有自己的工作和事業，在家庭瑣事上花費了太多時間，勢必會影響自己的工作。時間到了，要去接孩子了，可是，公司又來了件急事要做，怎麼辦？分身乏術啊！即使能找到人幫忙去接孩子，妳能定得下心來工作嗎？很多擔心、很多掛念，工作效率自然就低了。

第三，不利於妳在家中獨立地位的形成。

由以上兩點，妳把男人慣壞了，妳影響了自己的工作──院內院外都起火，火燒眉毛啦！妳和丈夫之間的天平，開始朝丈夫傾斜、傾倒。女人，如果不能在婚姻生活中保持獨立、平等、受尊重的地位，長此以往，便會逐漸失卻妳的領地，終有一天，妳的臉上，再也掛不住自信的微笑。

家庭，需要夫妻雙方共同經營，既然家庭成員都有享受家庭溫馨的

權利，那麼他們也就都有為家庭做出貢獻的義務。家務事，理應由夫妻雙方來共同承擔。當然，夫妻在家庭地位中的平等不是機械、僵化地體現為家務勞動的均等，而是在同樣具有家庭責任意識的基礎之上，各盡所能、各展所長。

我們主張，家務勞動的分工要靈活機動，要充分利用雙方優勢，使效率最大化。

家務勞動的分工根據身體條件和能力來進行。一般說來，做丈夫的力氣大，性格大方，社會交際廣泛，就可以多做些搬抬的粗活，處理家庭與社會上人士交往的事；做妻子的身小力薄，但勝在細心認真，忍耐性較強，所以大多承擔了做飯、洗衣、照顧孩子等事。這樣，各司其職，各盡其力，就可提高家務勞動的效率。

根據雙方不同工作時間進行分工。現在一些公司上下班時間不一致，尤其是工礦企業實行三班制，夫妻倆難免會出現交叉上班的現象；而現代社會的生活，節奏明快，很多工作並不遵循固定的上下班時間，公司一有了事，就要加班、要出差，夫妻一方臨時有事，那另一方就不必拘泥於原有的分工，該一人包辦的就一人包辦，洗衣服帶孩子，該做就做，共同的家，共同的事。

有計畫有安排地辦。事情有輕重緩急，家務事很多，我們可以預先把一天或一週要辦的事，分為急辦、爭取辦、緩辦三類；力氣要用在刀口上，這樣一天忙下來，即使是沒有完成所有的事，但最重要的事情完成了，不是嗎？比如第二天要去看爸媽，本來今天還要把換季衣服整理一下的，但是，要優先去準備給爸媽的禮物，來不及整理衣服的話，就

先放一下，拿出第二天要穿的即可。

　　統籌安排各種家務事。如今工作節奏快，時間緊湊，而家務勞動又一件不可少，怎樣辦？切忌像串珍珠那樣串完一個再串第二個，而要注意學會統籌安排，合理利用時間，在相同的時間內，做更多的事情。比如，早上起來，先把包子和牛奶放進微波爐；然後叫孩子起床，趁孩子穿衣服的時間，去刷牙洗臉；趁孩子刷牙洗臉的時間，把熱好的包子和牛奶取出放到餐桌；上班用品、孩子的書包等等，前一天晚上就要整理好放在手邊。一樁樁事情緊湊而交迭，很好地利用了時間。

　　好了，家務事分工完成，然後我們身為妻子，可以再用我們所特有的溫柔賢淑，來給這枯燥的勞動加點調料。老公有懈怠之意時，在他耳邊輕輕告訴他：「老公，拖地是你承包的哦！」老公在自己洗完衣服，主動前來幫忙晾乾，或是下廚做了好菜為全家換換口味，那麼，緊緊地抱一下他，告訴他：「你真好！我真有福氣嫁給了你。」即使老公在給孩子穿衣服時穿反了，妳也應該給他一個溫柔的微笑：「哎，親愛的，你給我們的孩子上了生動的一課，衣服不要穿反。」他會聳聳肩，然後改正。我們的家庭小生活需要我們自己去增加樂趣。用我們愛的鼓勵，給丈夫繼續努力的力量。男人喜歡被愛，

喜歡受到重視，他們並不介意為家庭多做些貢獻。

讓我們聽聽男人的說法。

大邢說：我是個好丈夫哦，做家務事對我來說是一種享受和休息。我和妻子有分工，我主要負責做飯，她負責洗衣服、洗碗。在共同做家務事的過程中，我們的感情越來越融洽了。

小吳說：自從承擔了一半家務事之後，我得到妻子擁抱和熱吻的數量就直線上升了。雖然比原來辛苦了些，但自己心裡也得到了某種安慰和鼓勵，有了繼續把圍裙繫下去的綿綿不盡的動力。呵呵，苦中有樂、樂此不疲啊！

3、我是你專屬的按摩師

明家世很好，長相英俊，有一份體面的高薪工作，曾經是大家眼中的黃金單身漢，後來，他如大家預料的那樣，娶到了一位年輕美麗、有著明星氣質的妻子。然而，他的生活卻沒有如大家想像中的那麼美好。有時候，當他因為工作上的種種困擾而向妻子傾吐，希望能夠獲得妻子的安慰時，他那明星模樣般的妻子卻語出譏諷，笑他為什麼不去找個沒有壓力卻又錢賺很多的工作。

有一天，和客戶糾纏了一天，筋疲力盡的明下班回家，在路上卻接到妻子的電話叫他去買一瓶醬油。好不容易在超市外找到停車位，明還要硬著頭皮為了一瓶醬油排了長隊，然而，等他回到家裡，將醬油交到妻子的手上，打算舒舒服服的休息一會兒的時候，他的妻子卻從廚房裡

衝了出來：「我要買ＡＡ牌，你為什麼買成ＢＢ牌！你根本不在乎我！」生氣的妻子還勒令他立刻去超市裡換掉醬油。到這個時候，明再也受不了了，他對著妻子吼道：「明天我們離婚。」

離婚後的明沒幾年就再次踏入了婚姻的殿堂。這次，他的妻子是一個普通的餐廳女服務員，長相平平，家世也普通，大家都很驚異明居然找了這樣一個普通的女人，在大家疑問的目光中，明告訴了大家他的故事。

第一次的相識是在他妻子工作的餐廳。當時明在餐廳吃飯，不小心打翻了湯盤，把桌子和衣服都弄濕了，過來了一位女服務員幫他清理，女孩子一邊幫他清理，一邊輕聲安慰他說沒關係，明當時就有一股想倒在那位女服務員懷裡痛哭一場的衝動。而這位女服務員，正是明現在的妻子。

同樣的，某天下班前，明也接到了妻子的電話，叫他回家前順便去超市買瓶醬油。明開會開了一天，累到不行，想說隨便到外面吃一點就算了，可是妻子撒嬌說特地準備為他燉肉補身體，聽到這句話，再明明累也心甘情願的跑到超市去買醬油了。不過，想到了前妻的ＡＡ牌醬油，這次故意買了ＢＢ牌回家。回到家，老婆滿臉笑容迎接他，然後拿了醬油做菜，並沒有任何不滿。明好奇地問她，應該是ＡＡ牌的比較香吧！可是妻子微笑著說，什麼牌都沒關係，老公去買回來的「老公牌」最香。聽到這些話，明頓時覺得什麼疲勞都消失了，竟然還捲起袖子幫老婆下廚。

看完了這個故事，妳是否也動心了呢？那個明星氣質的女人無法抓

住男人的心，倒是平凡的會撒嬌的小妻子讓男人死心塌地。

　　人說夫妻恩愛全靠一張嘴。人其實是奇怪的動物。女人滿肚子苦水的時候，經情人一安慰，立即笑顏逐開。男人疲憊不堪的時候，經女人一撒嬌，立刻精神百倍。

　　丈夫工作了一天，回到家中，最期望得到妻子的溫柔撫慰。再堅強的男人也願意在情人面前卸下面具，展現脆弱。這時的女人，應該是多麼感動啊，因為他把妳當成真正的港灣呀！埋怨、嘲笑男人的疲憊，是愚蠢女人的行徑。迎他進門，對他微笑，遞給他一條溫毛巾，為他揉揉肩捶捶背，給他講個笑話，再給一個柔柔的吻……全過程只需要15分鐘，但是可以為女人贏得丈夫放大10倍的愛。

　　聰明的女人懂得何時何地花力氣才有效率，聰明的女人懂得溫柔和體貼絕不是缺乏自信。雖然自己工作了一天回家同樣

也很疲勞，還需要準備晚餐，但是，「己所不欲勿施於人」，自己累不等於要丈夫陪妳累才甘心。永遠不要向疲憊的男人索取什麼，因為那時候效率是最低的。先花15分鐘讓他舒緩疲勞和壓力，為他準備一盆熱水泡腳，或為他放一缸熱水泡澡，說著甜甜的話把老公哄進浴室，相信等他出來的時候已經神清氣爽了。男人頓時體會到老婆將自己服侍得那麼好，可是自己卻還在充滿油煙的廚房操勞，愧疚和疼惜之情油然而生。即使他的愛不表現在下廚房與妻子共患難，也會在其他時候展現。比如，吃著菜，丈夫滿心讚賞，相信妻子的疲勞也消除大半吧！再比如，他會在夜深時刻湊近妳的耳畔說：「老婆妳辛苦了，我幫妳按摩……」

聰明的女人啊，在男人最疲憊的時候做他專屬的「按摩師」。妳的溫柔就會變成他的「罌粟」，再也戒不掉。

自信的女人，不是家中的悍婦，不是拿著菜刀逼男人陪著妳累的女主人。妳的自信在於懂得撒嬌和體貼，懂得讓男人享受家庭幸福。每天15分鐘，為妳贏得丈夫的理解和愛，聰明女人，何樂而不為呢？

4、你永遠是最棒的！

這些妳都知道嗎？

「婚姻離開滿意的性生活就像沒有番茄醬的薯條。」有些人可能會認為性是動物的本能，性慾是人類（尤其是男人）低級的需要。這種觀點是荒謬的，而且是美滿婚姻的定時炸彈。妳知道嗎？性樂趣其實是高級樂趣。性是愛的昇華，是愛的潤滑劑，還是愛的催化劑。婚姻中的性

生活是一項夫妻共同建築的「事業」，也是美滿婚姻的支柱。

「性不僅是生理行為，更是心理行為。」情人之間的性確實是生理的，但其實更是心理的。一些擔心和顧慮、一些疏忽與粗心都會給性生活帶來煩惱。其實完美的性愛就在妳身邊，關鍵是妳是否用心地澆灌它。

「男人是用下半身思考的動物。」如果妳看過《失樂園》的作者渡邊純一寫的另一部作品《男人這東西》，妳一定可以明白性對男人的重要性。其實男人對性的真正需求是絕大多數女人無法想像的。他們的性慾是旺盛且外顯的。尤其是年輕男人。18～25歲是男性性慾最強烈的時期，他們的性需求要一直延續到80歲。有一個英國女性內衣廣告的廣告語是「Man thinks about sex every six minutes.」（男人每六秒鐘就想到性。）再溫文爾雅的男人，面對性都是一頭雄獅。很多經驗尚淺的女性在面對男人的烈火之軀時，會覺得錯愕、無措，甚至尷尬、害怕，產生抵觸心理。女人需要正視男人的「動物性」，他們的需求是正常的，並且有益於身心健康。從生物進化的角度來講，男人的性慾是優勝劣汰的結果。唯有旺盛的性才能保持他的基因最大可能地延續下去。

「男人用愛掌控性。」前面提到了有些女性對男人的「動物性」認識不深會導致性生活不和諧，如果誇大了男人的「動物性」，一樣會造成一些不必要的煩惱。女性同胞們千萬不要誤解，男人不是對所有女人都有性衝動。即使是美女，他們也多為欣賞或是幻想，很難真正到上床的地步。男人的性是建立在愛和信任的基礎上的。男人的性是表達愛的一種方式，他愛妳才會想和妳上床。一些女性瞭解男人對性的需求，反而產生很多顧慮，唯恐自己年老色衰，女性魅力消失，對丈夫失去吸引力。這就走入了另一個錯誤觀念：誇大了男人的「動物性」。其實，丈夫並不期待妳有魔鬼般的身材，讓他噴鼻血的姿態。妳誘惑他的是一種感覺，而不是物質上的美麗。

「輸不起的男人。」男人的性是表達愛的一種方式，同時也是祈求愛的一種方式、證明自我的一種方式。也就是說，男人對於性，總是希望做到完美，希望令對方滿意。可能妳的他會有下列的表現：房事之後問妳的感覺如何，有沒有高潮，或者哪個位置舒服、哪種姿勢刺激，這次與上一次比好多少？該打多少分？妳的呻吟聲為什麼不及上次？妳可能會煩惱，這些問題使本來應該盡情放縱燃燒的性生活變得像一堂性教學一樣。其實，他提出這些問題是因為他希望得到妳的鼓勵。如果問得太多，很可能正說明他對自己的性技巧缺乏信心。男人在性方面都有一種輸不起的心理，每一次都要對方十分滿意才開心。

「男人的處女情結其實說明他們害怕失敗。」有一種說法解釋男人的處女情節：面對有過性經歷的女人，男人不可避免的會把自己和其他男人進行比較，希望自己給對方比前任更滿意的性體驗，這無形之中造成了壓力。這種壓力會造成心情緊張，可能導致性過程不如意。所以，

男人在第一感覺上都希望面對的女人是一張白紙，那他就可以無所顧慮的畫上第一筆啦！

做一個享受性愛的自信女人

「千萬別為自己的身材自卑。」很多女人在床第間都會為自己身材嘆息，有的甚至因此不願意開燈。事實上，80%的女性擁有標準範圍內的身材，這表明大部分女性對身材的焦慮是多餘的。況且，面對與自己截然不同的女性胴體，男人已經被興奮和驚異沖昏了頭，他能想到的唯有讚嘆和頂禮膜拜，才不會有時間把面前的妳和女明星、女模特兒做比較呢！再進一步說，男人和妳上床是因為愛，因為愛才想完全擁有妳。其實和妳交歡的鏡頭很可能在他腦中重複演練很多回了，真正擁有妳的那一刻，他還有暇顧及其他的嗎？放心吧，女人，樂觀地面對自己的身體，是妳獲得完美性愛的必不可少的條件。也許外貌條件並不能讓妳失色，但沮喪則會使妳失去吸引丈夫的魅力！試想，一個男人面對畏畏縮縮的愛妻，似乎一點都不渴望他，還會有之前的熱情嗎？當然，不自卑不等於滿足。如果妳從不在意自己的身材，任其橫向擴張，那結果很可能是造成丈夫的「審美障礙」。一個好女人應該是不自卑且不自滿的，多運動，注意飲食，保持勻稱身材，在床第間妳的玫瑰只為他飽滿的盛開。

「若隱若現的完美誘惑。」研究顯示，最誘惑男人性慾的不是赤身裸體，而是若隱若現的感覺。按色彩學理論，粉紅色和粉桔色最能提高人的性趣，不過紅色和黑色也頗受男人喜愛。美好的氣氛和溫馨的環境

對大多數男人來說，往往是最佳催情劑。對妳來說，有些事是很容易做的，在一個沒有壓力、心情不錯的晚上，換上風情萬種、千嬌百媚的薄紗睡衣，換上一條觸感柔滑的床單，把燈光調暗，放一段輕柔浪漫的音樂，半臥在床上等他進來，相信那種氛圍一定能給你們帶來一個激情的夜晚。記住，千萬別把「媽媽褲」、大背心弄到床上來哦！

　　「妻子偶爾的瘋狂會讓他比妳更瘋狂。」男人是天生的獵人，他們對征服的感覺樂此不疲。所以不論在戀愛還是性生活上，通常都由男人主動。但是，偶爾女人充當發起「戰爭」的元兇，讓男人嘗試一下「被征服」的感覺，相信我，他會為妳的「放肆」發狂的！所以，聰明的女人，瞅準時機，對他主動出擊吧！

親愛的，你永遠是最棒的！

　　「讓他知道他使妳快樂極了。」也許妳覺得女人是不應該談論性的，在他面前不好意思表達自己對性的感覺，妳很怕破壞了自己在他心目中聖潔的形象。但別忘了，他是妳最親密的人，在他眼裡，床第間的妳，是個鮮活的女人而不是個循規蹈矩的黃臉婆。在他奮力攀登的時候，妳快樂的呻吟和坦誠的話語會刺激他的活力。以往床第間妳總是緊閉雙眼，此刻妳不妨含笑看著他，讓他知道，妳也喜歡看他的每一吋肌膚。也不妨用手指用力掐住他的手臂，讓他隨時感受妳身體的興奮變化。當妳無所掩飾地表達著妳的興奮和快樂時，對男人無疑是一份肯定，也是送給他最好的禮物。在他饜足的時候，紅著臉溫柔地告訴他：「你真棒，我好快樂，我想沒有人可以替代你。」此刻的男人一定會

露出燦爛的笑容，像個得到嘉獎的大男孩。下一次他會更加興奮並且做得更為賣力。聰明的女人，懂得讚賞男人，適時恰當的讚賞會為妳贏得丈夫更多的愛。

「製造枕邊的溫柔陷阱。」房事之後的枕邊是溝通的最佳時間和地點。雖然說男人高潮之後會很疲勞，並且渴睡。其實，

在他舒服得睡著之前，最想聽到愛妻溫馨的讚賞和客觀的評價。稱讚的細語無疑會給男人無窮的信心，但是，偶爾的不和諧是正常的，這時不能一味的報喜不報憂。因為，美滿的性生活是需要雙方透過良好溝通，從經驗中學習得來的。對女性來說，要表達性愛中的真實想法還真有些難以啟齒呢！但既然你們彼此相愛，就有必要坦誠相對。可能有些女性會說，指出他的不足會使他不高興。所以說溝通的方式很重要，千萬別帶著數落的口吻，可以嘗試一下像小女孩一樣捏著他的鼻子，調皮地撒

嬌說：「親愛的，你噴在我脖子上的鼻息好容易讓我想到狗狗哦，」給他做個鬼臉，「有點點不舒服耶。」一次可不要說太多意見，這樣會讓他覺得備受打擊的。

「我知道，下次一定更棒。」性行為是生理的更是心理的。所以，工作壓力、心事重重等原因都可能導致偶爾失敗的經驗。這在性生活中是正常的，但這種挫折感可能會影響男人的信心，造成他對下一次性愛非常緊張。聰明的女人面對這種情況，應該表現出相信自己、相信對方，輕輕用手指梳理他的頭髮，撫摸他的臉，呢喃地說一些你們初戀時的情話。這樣可以幫他緩解不安。體貼地給他找個台階下，輕輕責怪自己工作有點疲勞所以讓他無法盡興。這時，男人一定會因為妳的溫柔和善解人意而使胸中溢滿了溫暖。

女人，請相信自己

一個好女人對她愛的男人永遠興致勃勃，這本身就為婚姻注入了活力，也使自己本身散發著巨大的無法抗拒的魅力。女人，請相信自己，只要妳用心，每個人都可以做到用自己的激情和智慧，讓丈夫對自己更有信心，對妳益加鍾情。

5、我愛的我的事業，但我更愛你！

柴契爾夫人，相信大家都知道，是個典型的女強人，人稱「鐵娘子」。身為英國的首相，她比其她女人承擔了更多的工作壓力和責任，

她手腕強硬，把一個國家治理得井井有條，為後人和世界人民所稱頌。但鮮為人知的是，她身為一個妻子和母親，同樣也是一流的。

柴契爾夫人對自己的丈夫鄧尼斯・柴契爾關懷備至，體貼入微。她每天起床後堅持為柴契爾準備早餐，即使當上首相後，還是如此，每天早上為柴契爾煮咖啡，預備好水果和烤麵包。她生了一對龍鳳胎，只要有時間，她總是樂呵呵地為柴契爾和寶貝兒女做可口的飯菜。柴契爾夫人精於採購，擅長烹飪，從修補牆壁到換電燈泡、保險絲，樣樣都行。她當教育大臣時，有一天，一次馬拉松式的會議剛結束，柴契爾夫人看了看錶，喃喃自語地說：「時間還來得及，商店還沒有關門。」別人詫異地問她要做什麼。她說：「到街口去買些薰肉。」別人勸她休息一下，讓秘書代勞。但她迅速而果斷地說：「不，我得自己去，因為只有我才知道柴契爾愛吃的那種肉。」說完，便匆匆走了。

柴契爾夫人說：「血濃於水。當妳遇到最嚴重的事情時，只有家庭才提供全心全意的支援，才真正體現出忠誠和感情。」

她還說：「我的丈夫像岩石一樣堅固牢靠。」

1984年2月，柴契爾夫人在接見英國廣播公司記者時說，她和甘地夫人很談得來，因為她們兩人懂得：「家庭負擔與完全獻身於政治這兩者是結合在一起的。沒有家庭的支持，不可能取得政治上的成功。」

這樣一個女人，自己的事業達到了頂峰，依然為她所珍惜的家庭，盡其所能地付出愛和關懷；同時，她的家，也給了她無窮的力量，能面對任何的波瀾起伏，支持著她，闖過一關又一關，仍然保持著鎮定與微

笑。

　　有的女人，事業很成功。表面上，她很風光，應該很滿足自己的成就，但若感情生活不順心，再多的輝煌，也掩蓋不了夜深人靜時內心的空虛。一個人，怎麼能缺少愛呢？一個女強人的心，同樣也是肉做的，需要愛來溫暖和包容，也許，就在攀登的過程中，她會退縮、會懷疑：「我要的究竟是什麼？是不斷的進取，還是，一個溫暖的家以及平淡的生活？」

　　當然，極少有女人能像柴契爾夫人那樣，達到事業的頂峰之後，還能生活甜美。在這裡說出她的例子，只是想給女性朋友們一點啟示、一些思考而已。

　　柴契爾夫人還說：「家庭必須是一個人生活的中心，但一個人的抱負不應侷限在家的範圍之內。」是的，家庭對一個人，特別是女人來說，非常重要。但是一個女人也不能僅僅停留在家內，一個人的尊嚴來自於自食其力後的人格獨立。女人們一定要更主動地去生活，成熟和智慧會隨著勤奮積澱在我們如水的命運兩側，成熟在左，智慧在右，像兩道河堤，護送著我們的命運，一路向前行進。

　　現代社會的很多女性，在事業和家庭之間來回穿梭，困惑於如何處理兩者的關係。事業多一點吧，覺得虧欠了丈夫和孩子，自己也缺少了那份家庭的溫暖；家庭多一點吧，又怕失去了在家中的地位和尊嚴，生活得沒有目標。有的女性甚至嘆息：「事業與家庭，就如魚和熊掌，不可兼得也。」中國政法大學教授夏吟蘭說：「其實據我瞭解，所謂『出得廳堂，下得廚房』不僅是許多職業女性的追求，也是男性理想中的完

美女性。」但是說起來容易，做起來難啊！社會本身就是一個動態的平衡，女性，處在這個社會上，要把握住自己的位置，讓「廳堂」與「廚房」平衡起來。

好了，摩拳擦掌，聽聽我們下面要提出的意見，準備調適自己吧！女人，不要為事業和家庭的關係煩惱，其實很簡單，相信自己能做到最好，妳能，妳可以。

首先，態度決定一切。即使是事業型的女人，也要在承擔家庭責任和義務方面有積極的態度。夫妻雙方是平等的，丈夫不能要求妻子在家務、撫養孩子等方面有更多的付出，妻子也不能因為自己有事業而把家庭理所當然地拋給丈夫。夫妻雙方應該相互協調、相互體諒。由於工作繁忙，妻子能做的可能只是很少一部分，不過沒關係，關鍵是要有關心家庭的態度。空閒的時候，妳要為家庭做一些貢獻，做做菜啊、洗洗衣服啊，哪怕是小事，妳的努力丈夫看在眼裡、放在心裡，他能夠體會得到妳的心意。若丈夫的工作也很繁忙，最好找一個保母來幫助料理家務。

其次，事業雖然忙碌，但不要放鬆對感情的經營。由於工作繁忙，和家人的接觸時間可能較少，要利用這有限的接觸時間，多做感情上的交流。比如完成一天的工作後，要盡量早回家，和家人一起吃飯、看電視、聊天，聊一些輕鬆的話題，把工作暫放一邊；休息日，可以和家人一起逛街、散步；出差不忘給家人帶些特產，買些他們喜歡的東西。每天出門前給丈夫一個擁抱，回來給丈夫一個吻；對孩子同樣如此。

其實，很多男人並不是希望妻子做那種全職太太，他們只是喜歡那

種被照顧、被重視、被放在第一位的感覺。男人不喜歡被忽略，所以，女人在做好自己事業的同時，也要分出點精力來安撫丈夫不服氣的心：老公，我愛我的事業，但我更愛你！只要努力了，還是很容易的，畢竟，丈夫愛妳，他不會對妳提太多的要求，只要妳心裡時時有他，妳一直在努力，這就夠了。

6、共同的財產，共同的未來

誰在家庭理財中佔據主導地位？如何管理好家庭財務？這恐怕是每對夫妻或情侶都可能遇到的問題。家家都有本難唸的經，有的妻子主張讓丈夫來全權負責家庭收支，「畢竟他是一家之主嘛！」——這是對自身能力的缺乏自信；有的妻子強烈要求由自己主控「經濟命脈」，認為這樣就可以牢牢地拴住丈夫了——這是對自身魅力的缺乏自信。

那麼，有自信的女人該如何處理這一問題呢？且讓我們先看一個案例，這是中國某企業白領階層徐女士的口述：

「和老公決定攜手面對明天的時候，就有一個問題浮出水面了，這家裡的財政大權究竟應該由誰掌控呢？雖然兩個人的稅後收入加起來不

過也就萬把塊錢，但如何讓這錢發揮最大的效益，並且不讓我們倆因為金錢問題而產生衝突，也是門不小的學問啊！

分析了一下，我這人有點粗心，單身時是個不折不扣的月光族；老公呢，花錢也是出手闊綽。所以，最後，我們達成協議，還是共同理財吧，截長補短，爭取讓家裡的財政狀況始終維持良性循環。我和老公結婚之初貸款買了一間房子，月付2800元，這是由一個還貸銀行專門完成的。而我和老公每月的收入都是存到戶頭裡，在兩個人單身的時候也各自有幾個銀行戶頭，每個戶頭裡都有錢，但都很少，最少的時候只有幾塊錢，想知道目前有多少「資產」，要一個個算，一個個想，日子一長，帳目十分的混亂。

為了實現家庭財政的有效管理，我們決定取消大部分戶頭，只留下一張主要的戶頭、兩個次要的戶頭和一個用來還房貸的戶頭，主要的戶頭裡是家裡的積蓄，可用來防備不時之需，同時伺機尋找風險不大的理財專案。兩個次要戶頭我和老公一人一張，用於生活開支和零用，每個戶頭裡面的金額保持在3000元左右，可以互通有無。」

儘管每個家庭的財務狀況與開支方向各有不同，但徐女士的經驗還是值得大部分家庭的女主人借鏡的。首先，夫妻二人的收入應該合著用，一起承擔家庭開銷，因為生活在一起了就意味著要共同規劃明天；千萬不可以「各自為政」。一般說來，家庭的開支主要由四個方面組成：一是固定支出：例如水電費、房租等。 二是必要支出：例如伙食費、教育費、書報費、醫藥費等。三是機動支出：例如購買衣物、社交費、零用錢等；四是大項支出：例如購買大件商品彩色電視機、電冰箱

等。與此相對地，家庭收入也可以劃分為以下四大「區塊」：第一塊：負責房租、水電費等家庭的固定支出。這一部分以現金形式存在，可以由丈夫掌握，也可以由妻子負責。

第二塊：負責伙食費、教育費、衛生費等家庭日常開支。這一部分當然也以現金形式存在，由妻子負責，可別忘了柴、米、油、鹽、醬、醋，茶可都是由女人打理的哦！

第三塊：負責家庭的大項支出與不時之需。這是一個家庭的儲蓄「基金」，通常以存摺形式存在，存摺可以由男人們去存（讓他心中有數，不至於感覺「大權旁落」），但存摺最好由女人們保管，因為女人通常比較細心。

第四塊：是夫妻各自的零用與個人開銷。這一部分各自負責，如此，雙方在財政上就都擁有一定自由度了。

因此，身為一個家庭的「日常主管」，女主人們在家庭開支方面所起的作用是舉足輕重的。這方面的責任，有自信的女人們應當堂而皇之地承擔起來。為了做到合理開支、科學理財，我們還應該學會即時地調整家庭支出計畫，持之以恆，進而促使它經常保持科學合理的狀態。一個家庭的開支通常要注意以下五項要素，把握了這些要素，可以幫助女性成為更加自信且成功的家庭「女主人」：

（1）量入為出

到了信用消費已經成為主流消費習慣的今天，在貸款購物成為時尚

的時候，花「明天的錢」雖然很便捷、輕鬆，但有時候卻會造成家庭的沉重負擔。越來越多的卡奴正是我們的前車之鑑，對大部分家庭來說，信用消費應該僅限於某些特殊消費的方面，或者只適用於少數預期收入比較高的家庭。在大部分家庭中，消費應該還是在家庭經濟承受能力之下的消費，要保持量入為出，略有結餘，千萬不可提前透支。

（2）確保重點

家庭的開支也有輕重緩急之分，因此一定要理清什麼才是最需要的開支。這一點要根據家庭的實際情況來進行劃分，確保在急需以及必須的開銷上有足夠的經濟支付能力。比如基本生活需要與非基本生活需要相對而言，當然是基本生活需要的物品為重點了。像水、電、瓦斯等的收費和米、油、鹽這一類的支出就是必須保留的了。

（3）遠近兼顧

俗話說：人無遠慮，必有近憂。誰也無法保證在未來不會發生不可預見的需花大把錢的事。因此，家庭在滿足目前正常生活需要的前提下，也應該為未來的大項消費做出有計畫的安排準備。比如說新婚夫妻也應該有意外懷孕後，為子女出生做出的充分準備；如果有年邁的父母，還要計畫好老人的贍養問題；臨時的購買住屋或大宗消費品也是需要提前做好準備的；還有許多突如其來的意外，比如疾病等，都需要有充實的物質準備，因此，儲備應付意外事件的開支是必要的。

（4）科學合理

家庭理財的關鍵是把錢花在刀口上，絕非盲目地宣導勤儉節約。理性地安排消費，對於家庭有益無害。對一般的工薪階層而言，家庭開支應把基礎放在兩個方面上：一是把應付意外的開支留足，對未來的大項支出做出初步的預算並慢慢準備，其餘的則充分用於消費；二是在不奢華消費的前提下，盡可能提高生活水準和檔次。當然，消費和累積的關係也應處理好，在科學合理消費的前提下，適度累積，使家庭財產不斷增值。

（5）因家而異

家庭開支因各個家庭的不同情況而有所不同，切不可盲目攀比，一般而言，決定一個家庭開支特點因素的有家庭現有資產數量、家庭現時正常收入的水準、未來預期收入的水準及穩定程度等等。因此，不同家庭在開支上是有很大差別的。

7、不讓孩子做婚姻的第三者

孩子是愛情的結晶，是兩個人的基因共同創造出來的神奇產物。沒有人會不愛自己的孩子。但是有時候，孩子卻成了夫妻感情的特殊「第三者」。

夫妻二人過慣了卿卿我我、溫馨浪漫的二人世界，猛然之間在二

人中多出了一個人，往往教女人受不了。女人懷孕了，男人一下班進門見到妻子，只會呆呆的朝妻子的肚子傻笑或是喃喃地說著話。孩子出世，他的全部精力幾乎都集中到新生兒身上，男人做了有史以來最多的家務，甚至還成天樂開懷的，比熱戀的時

候更傻。他開始買禮物給孩子，卻少了妻子的份。女人，在高興的同時總會伴隨著淡淡的惆悵。

　　好不容易孩子睡覺了，有機會坐下來靜靜地和他獨處，卻發現丈夫正目不轉睛地盯著孩子熟睡的小臉。女人悄悄地依偎在丈夫肩頭，她多期待他像以前一樣一把摟她入懷親吻呀！可是他只是說：「妳瞧兒子睡得多甜哪，小傢伙哭了這麼久，一定累壞了。」妻子皺了皺眉頭，心裡委屈了，一整天了，丈夫還不曾對自己說過一句甜蜜的話呢！他看孩子

怎麼也看不夠，小心翼翼地吻了一下孩子的額頭，妻子記得，以前他也是這麼小心翼翼地吻她額頭入睡的。「寶貝我愛妳。」丈夫磁性的嗓音說著熟悉的話，可是對象不是自己……女人心理不平衡了。丈夫的眼中只有那個只會哭鬧的小傢伙了。她獨有的愛必須分給別人了！甚至是好大一塊！有時女人真恨不得把孩子塞回肚子裡面，讓自己重新變回丈夫唯一的寶貝。其實女人更需要關懷呀！

有趣的是，其實同樣的事情往往也同時發生在男人身上。正當女人抱怨自己被忽視的時候，男人也在角落哭泣，覺得妻子不再體貼自己呢！只是兩個人都不自知而已。

男人會和孩子爭風吃醋。尤其是兒子，容易變成男人的情敵。因為孩子剝奪了妻子原先花在自己身上的時間。其實，不僅僅是妻子，一家人都為了那個小鬼整日忙得不可開交。夫妻間的情感交流變少了。孩子變成了「第三者」，互為夫妻的第三者。

雖說懷孕到孩子出世，是婚姻的危險期。但是，女人們，只要做到「丈夫、孩子兩手抓」，就不怕危險期婚姻亮紅燈。

首先，信任丈夫的愛。其實女人做了媽媽，有了愛的結晶。應該對自己的婚姻更加有信心。孩子是他所愛，同樣也是妳所愛。你們夫妻之間又多了一個共同的愛，只會讓你們更緊密。

其次，給他信心，平息男人的醋勁。孩子和丈夫一起愛，其實很簡單。語言是一罐蜜。「親愛的，孩子累了，你一定更累吧？歇會兒。」輕撫他的臉頰，一定可以安慰丈夫疲憊的身心，使他重新獲得力量。

「瞧，孩子的眼睛多像你。」、「孩子在對你笑呢！」照顧孩子的同時，讓他也參與其中，緊密地感覺到孩子的加入讓家更加充實了起來。「這是我們的孩子耶！」讓他深深體會到妻子愛孩子，是愛自己的延續。

再次，抓住丈夫的注意力。《走遍美國》中那對年輕的夫婦在他們結婚紀念日那天，把孩子交給奶奶照顧，兩個人則來到他們初次相識的那間旅館。那裡的一切依舊，勾起他們多少美好的回憶。相知、相戀、相許，共同的家還有了共同的孩子！長得像我亦像他……多麼特殊的感受呀！聰明的自信女人懂得把握時機，讓兩個人出去透透氣，消除長久的疲勞。相信在某個特殊的地方或特殊的日子，你們再次共同回憶起愛情一路走來，會驚喜地發現，孩子，那個平時麻煩很多的小鬼，為你們的愛情增添了多麼精彩的一筆呀！已為人父母的感知，重溫初戀的浪漫時光，相信心境已與以前不同了吧！激動地摟緊他，再說一次：「老公我愛你。」妳會看到男人眼裡的淚花。

有自信的女人不懼怕「第三者」，因為她明白：她是孩子的媽，丈夫只會更愛她。有自信的女人不擔心孩子搶走丈夫的愛，因為愛她才會愛孩子。有了孩子，女人們，記得益加勤勞地澆灌你們的愛情之花，因為它結果了，需要更多的養分呢！

8、妳的親戚就是我的親戚

女人戀愛時，愛他，並愛他的世界，這就夠了。一旦結婚後，便是

兩個家庭的結合，從此接受他，還要接納他的家庭和親屬。這時妳的視野再也不能僅僅侷限在他身上，而要擴大到他周遭的親戚。

有一位婚姻心理學家，對夫妻爭吵互不原諒而向法院提出的離婚者進行調查後，發現丈夫提出理由的前三位依次是：性格不合、不貞以及和親戚不和。可見，倘若妳和丈夫的親戚關係不和，不但影響家人的感情，而且很可能因此葬送了妳和他的婚姻。有一對夫妻就因為這個問題處理不好而鬧得天翻地覆。丈夫來自農村，他的爸爸媽媽進城看望兒子、兒媳，妻子嫌婆婆和公公又俗又土，不講衛生、不懂禮貌，始終不給遠道而來的婆婆和公公好臉色看，並故意找些小事與丈夫爭吵，逼得公公婆婆只待了兩天便滿懷惆悵地回家了。丈夫當然對此又氣又惱，於是雙方就「真槍實彈」地對峙起來，最後不得不分手。

其實，已婚男人都希望有一個穩定的家，倘若妻子不肯接納他的親戚，成日為之喋喋不休，甚至鬧得雞犬不寧，那麼遭受「後院起火」的他也無法專心事業，真是「腹背受敵」！如此一來，他還會願意與妳辛苦地維繫這段婚姻嗎？

那麼如何避免上述困境，在親戚問題上鞏固妳的婚姻呢？

有自信的女人有各種辦法籠絡老公的心，其中的秘訣之一就是，「把他的親戚當作我的親戚」。

有一個故事，很久以前，在日本明治時代的沖繩，有個名叫惠仁的貧農。該村最富有的地主有感於他對母親的孝行，希望他能做自己的女婿，然而惠仁拒絕了他，他說反正是要做上門女婿，我寧願到村裡最窮

的中山家，雖然中山家是全村最窮的人家，但他們家那個叫小珍的女兒，雖然相貌平平，但心地很好。「我們願和沒錢但心地善良的人結合」，於是，他入贅上門，到中山家而改名為中山惠仁。

小珍和惠仁同心協力的過日子，但不知何時開始，小珍每當吃完晚飯後，就不見了。滿腹疑惑的惠仁，有天晚上躡手躡腳跟在小珍後面去探個究竟，終於發現了小珍的秘密。原來小珍是到惠仁的媽媽家，去照顧惠仁的母親。收拾完廚房後，連家畜都照料好，還為婆婆搥肩搓背後才回家。

惠仁對小珍的舉動甚為感動，流著淚感謝她。之後，兩個人感情越發的融洽，共同努力勞作，最終成了全村最富有的人。

這個故事告訴妳，男人需要自己的女人溫和、慈愛、平和，和具有包容力，重視自己的親屬，這樣的女人也才是真正愛他的好女人。

常言道：「愛屋及烏。」當一個女人只要真心愛上一個男人時，她便會注意他四周的人，包括他的親屬。把老公的親戚看得比自己親戚還重要的女人，是可以帶給男人好

運的。譬如，照料年事已高的公婆，事事躬親，或偷偷地塞點零用錢給小姑、小叔等。這些行為都能使老公撐足面子，在家中有份量。看她勤勉持家，對人又好，男人的雙親以及家人都會對他說：「你呀，真是討了個好老婆。」這麼一來，做丈夫的，當然會感到驕傲，親戚們也更信任看重做丈夫的。妳還可以時常以女主人的身分邀請他的親戚來家中聚會，笑臉相迎，熱情招待。這樣的話，丈夫的親屬關係不會受婚姻的影響，他們將繼續是丈夫事業與生活的好幫手。

記住，永遠不要指責丈夫的親戚。也許丈夫對某個親戚的行為感到不滿意，甚至會責備自己的父母，和兄弟發洩不滿、和姐妹鬧情緒，但是妳千萬不要妄加評論，隨他去好了，因為他絕不會欣賞妳指責的態度，妳的態度應該是忍耐。因為那是他的家庭，他會認為，妳應該相信他應付這些的能力。對妳的丈夫有信心，正是彰顯了妳的自信。

相反，不能這樣做的女人，結婚後反倒使男人失去不少東西。這樣的女人常與家族間的關係緊張，婆媳關係、妯娌關係等等都不和諧。對丈夫而言，平添許多無謂的煩惱，也很無奈。如此，他在家族內部的人際關係也會被消蝕殆盡。

9、我放你自由，是因為我相信你，也相信我自己

這是一個真實的故事：

38歲的娟是一名普通的工廠員工，與丈夫宇結婚已經有14年了，宇是一家企業的副總經理，兩人一直非常融洽，還育有一個可愛的兒子。

宇一直是一個非常有事業心的人，娟很明白這一點，她也就一直默默的承擔起了家裡的一切，全心為家人付出，為了支持丈夫，她基本上沒有放太多的精力在自己的工作上，因此當丈夫當上企業副總，她還是個普通的職員。

然而，從三年前開始，娟發覺丈夫開始有些反常了。丈夫回家的時間越來越晚，甚至整晚不回家。然而，面對著娟的質問，宇只解釋說自己工作太忙，有時候，他還會找同事幫忙證明一下自己是在談工作。可是，宇晚回家的次數越來越多，往往回家太晚，他也懶得再理會妻子的質問，累得倒頭就睡。久而久之，娟免不了和丈夫發生一次又一次的爭吵。

在一次激烈的爭吵過後，娟和丈夫達成了一個協定：如果丈夫回來晚了，就得付給她一筆錢，兩人約定說這叫「空床費」。並規定從晚上12點開始算起，一直到第二天早晨7點。

宇覺得自己每天應酬完之後已經很累了，回家還要聽妻子永無止境的嘮叨和抱怨實在很辛苦，於是同意了這個協定，希望用錢堵住妻子的嘴，換來一時的安靜。誰知道，雖然身為公司副總，但宇畢竟也只是個受薪階層，在支付了幾次空床費之後，宇就沒有可以支付的現金了，在妻子的要求下，他便開具了一張欠條。

娟的本意是可以用金錢來約束丈夫，使他不會頻繁的晚回家，誰知道，丈夫依舊是經常三更半夜才回來，沒有錢的時候就隨便寫上一張欠條，有時候覺得不耐煩了，連欠條也不願意寫了。這讓娟很是惱怒。

眼看著讓丈夫付空床費達不到預期的效果，娟開始重新關注起丈夫的行蹤，她開始不斷的打電話確定丈夫的行蹤，這讓宇更是厭煩，他乾脆不接電話，以免妻子煩到他。可是面對這一切，娟做出了更進一步的行動，她跑到丈夫的公司，向丈夫的上司控訴宇的行為，結果，宇很快便被公司總經理從副總的位置上調了下來，理由是連自己家裡的事都沒有管好。

　　宇覺得非常的委屈，自己並沒有做錯什麼，他每次的晚回家都確實是為了公司的應酬，雖然回家晚點，可是也是為了給家裡賺得更好的經濟收入啊，而妻子為什麼就不能理解他、不信任他呢？既然沒有信任做為感情基礎，那這段婚姻也就沒有維繫下去的必要了。於是，宇向法庭提出申請，請求法院判決離婚。這時，娟拿出了當初丈夫寫下的空床費欠條，可是滿手的欠條卻換不來丈夫的回心轉意。

　　故事講完了，不知道妳有什麼感受。從女性的角度講，或許妳認為故事中的男主角太不在意妻子了，或許妳認為男主角沒有主動處理好這個衝突。但也有男人們這樣覺得：「我覺得男人在外面工作，還要肩負人際交往壓力和他應該承擔的責任。他在外面辛苦勞累了一天，回到家裡的時候，他需要的是妻子的理解和安慰。家畢竟是他心靈的港灣。如果說做妻子的再給丈夫一些額外的壓力，人的精力畢竟是有限的，他會崩潰的。」、「列舉妻子幾點做得過分的地方，這幾點都是身為丈夫最不能忍受的。第一、多疑，不信任丈夫。第二、不給丈夫留面子。第三、歇斯底里。第四、跟丈夫談錢，傷感情。」

　　這是男人的心聲，身為女人，我們也有很多理由要控訴。誠然，故

事中的男主角有很多做得不好的地方，但是我們來思考一下，這場離婚是不是可以避免？如果女主角採取了不同的應對方式。

女人常常抱怨說：「結婚了，工作就是我的情敵。」的確，三、四十歲的男人處於事業的巔峰期，工作忙，應酬多是自然的。女友變成了老婆，激情變成了溫情，關注少了也是自然的。

那女人怎麼辦？反抗？像故事中的女主角一樣變成刺蝟。隱忍？做一隻忍氣吞聲的小綿羊。譏諷？做不時指桑罵槐的小母雞。……

聰明的女人，在行動之前，不僅僅考慮目的，並且注意行事的方式。我們的目的是：不讓老公被工作搶走，更不能讓別的女人搶走。

怎麼做才好呢？首先是相信自己，然後是相信他。女人們，在這個世界上任何女人都不具備和妳競爭的資格和條件，只因為妳才是他的妻子，妳給他激情、溫情、親情，你們共有回憶、家和孩子。雖然說一些男人會移情別戀，但這不能成為妳懷疑自己丈夫的理由，因為一個值得妳愛一輩子的好男人是不會不忠的。如果他真的有了外遇，聰明的女人就該棄之如敝屣。不要懷疑自己做妻子會失敗，一個好男人是懂得培養一個好妻子的男人。輕易放棄自己妻子的男人是垃圾。

話說回來，相信自己不等於給自己做任何事的理由。懂得經營婚姻的聰明女人，不會做刺蝟，因為刺蝟的刺阻止了丈夫的擁抱；也不會做綿羊，因為綿羊只會卑微地低叫；亦不會做小母雞，因為譏諷最愛的人的女人是不可愛的。留住自己最愛的人，最好的辦法是：給他足夠的信任和起碼的尊重，懷疑和猜忌只會逼出無奈和欺騙。

充滿自信的女人是由內而外的，讓丈夫感受到妳的自信，會讓他更迷戀妳。「親愛的，我知道我愛你，因為你是這個世界上最棒的男人。我更知道你愛我，因為我也是這個世界上最棒的女人。我相信自己值得你愛，也相信你是值得我愛的好男人，所以，我絕對信任你。」這樣的告白，在丈夫聽來，既感受到妻子濃濃的愛意，又體會到妻子對自己滿滿的信任，相信聽起來比蜜還甜。其實，男人是很好哄的。在言語上給他信任的保證，尤其在公眾場合，讓男人長足了面子和尊嚴，男人就會像一隻吃飽的貓，不再在意小細節了。

　　聰明的女人是善於演戲的，偶爾用些小詭計粘住他，讓他更在乎妳。「老公，你最近冷落我了。」同樣是抱怨，當他心情好時，膩在他的懷裡嬌嗔，那就叫做撒嬌。如果在他晚歸一身疲憊之時，滿臉寫著不高興，那就叫做埋怨。效果很可能是天壤之別的哦！前者是疼惜，後者則是厭煩。所以聰明的女人是氣象學家，懂得掌握男人的陰晴變化。「老公，我最近有個情敵好囂張哦……」窩在他的懷中突然覺得丈夫肌肉一緊，「你的工作啦！」女人笑了出來，男人佯裝生氣地捏捏妻子的鼻子。幽默是夫妻之間的調味料，聰明的女人是一位大廚，懂得自如運用婚姻的各種調味品。

　　女人，丈夫不是妳的奴隸，他必須有自己的事業和空間。為他編織信任的風帆，放他遠航。用全心的愛和溫馨的家，等待他歸來。縱使水路多險阻、多磨練，他也終究會回到屬於自己的港灣。

10、天氣真好，出去走走

很喜歡趙詠華的《最浪漫的事》，歌詞寫得太好了：

…………

我能想到最浪漫的事，

就是和你一起慢慢變老，

一路上收藏點點滴滴的歡笑，

留到以後坐著搖椅慢慢聊；

我能想到最浪漫的事，

就是和你一起慢慢變老，

直到我們老的哪兒也去不了，

你還依然把我當成手心裡的寶。

當我們越來越老了，我的眼角爬上了魚尾紋，你的臉上也湧上了滄桑；當我們的日子趨於平淡，日復一日，瑣事纏身；當每天見到你的容顏，成為習慣，不再有新意和心跳的感覺……我多麼希望，我們能像《最浪漫的事》裡一樣，仍然能找到屬於我們自己的浪漫。

電視裡、電影裡，永遠都是年輕人的愛情；大街上、巷子裡，都是年輕戀人的身影。年輕人啊，朝氣蓬勃，他們的愛情，是心動、是新鮮、是海誓山盟。人到中年，有的女人就開始自嘲：「男人四十一枝花，女人四十豆腐渣。」其實，中年的女人，仍然具有致命的吸引力。

當然，這種吸引力和小女生的不同，歲月的歷練給妳增添了不少風韻，妳的學識、經驗，以及舉手投足之間流露出的成熟韻味，是年輕人所無法比擬的；更重要的是，妳和丈夫的生活看似平淡，但是，你們的愛在不知不覺中，已經像陳年老酒，越釀越濃，一經啟封，必然散發出極其沁人心脾的芬芳。有自信的女人，沒有理由對自己的魅力，以及自己和丈夫的感情產生懷疑。

生活，要靠彼此來經營。如果懂得往生活中加點調味料的話，你們的感情，會以意想不到的速度突飛猛進。看到一個小品故事，男女主角人到中年，突發其想要尋找初戀的感覺，首先從牽手做起——牽手，多麼平常的事啊，可是，妳做了嗎？在兩個人結為夫妻，養育了孩子之後，各自只顧忙於日常瑣事，妳可還會牽著最愛的人的手走路？也許，你們各自牽著孩子的手；也許，你們已經忘了手牽手走路的感覺。有一幅圖畫，名字叫做「愛情是什麼」，圖上是兩個白髮蒼蒼的老人，相互挽著手，散步在林蔭路上。看了這幅圖，心頭湧起一股莫名的感動。相濡以沫，互相攙扶著走在人生的大道上，一直走下去……

建議大家嘗試一下年輕人的談戀愛方式，呵呵，尋找你們年輕時候的影子。

「天氣真好！親愛的，我們出去走走吧！」散步是一種極好的放鬆和休閒方式，散步時妳是完全自由的，呼吸著室外的空氣，享受著陽光或是晚上涼爽的微風，妳整個身心都是放鬆的、愉悅的；更重要的是，你們回到了二人世界，只有我和妳。捨棄憂愁、捨棄煩惱，滿心歡喜地和心愛的人牽著手。你們配合著對方的腳步，追憶以前的時光，品味屬

於你們的浪漫。偶爾停下來，嗅嗅路邊野花的芳香，或是欣賞螞蟻搬家的熱鬧，然後一起躺在青青的草地上，說著你們自己的語言。歲月流轉，真情不變，彷彿回到了初戀時光。

我家鄰居老李和他太太是大家公認的模範夫妻，結婚二十年，感情依然像熱戀般，著實讓人羨慕啊！李太太經常和我聊天，說到丈夫時，總是忍不住滿臉的笑意。我問她婚姻美滿的秘訣，她告訴我，感情要用心去經營，每天都是初戀。她舉了例子，每年他們夫妻二人，都會拋開一切雜事，雙人出遊，到一個沒人認識他們而又風景秀麗的地方。

「那些日子，美好得像回到了從前。」她又開始笑，「我的老公，雖然平時看起來不善言語，但是，在這種浪漫的時刻，我們還是會像年輕的時候一樣，說著體貼的話，彼此靜靜地溫存。我們牽著手走路，輕輕擁抱，感覺真是好極了。」

　　她強調說，一切美好的回憶，都會長久地停留在彼此的腦海中，更何況是，他們每年都有一次這樣美好的旅行，記憶猶新，又連成一線，讓夫婦二人心有靈犀。雖然生活比較平淡，平日兩人也都忙於工作，但只要一個關心的眼神，另一方就能體會得到；甜蜜的回憶，讓生活變得色彩斑斕。「我們會一起策劃下一次的旅程，然後一起慢慢地等待，直到成行。」

　　「除了這一年一度的活動之外，我們平時也很珍惜兩人獨處的時間，散步啊、一起研究一個新的菜式啊，其樂無窮。」

　　美滿婚姻，羨煞他人，其實，只要用心去經營，讓心保持年輕，而不要認為浪漫只是年輕人的事，你們就能在平淡的生活中，品味出美好來。

　　某個陽光溫和的下午，妳靠在他的肩上，一起坐在花園裡的長凳上，「真好，親愛的，到現在，我仍然是你手心裡的寶。」

　　女人，堅定妳的自信，妳將獲得一生的幸福！

國家圖書館出版品預行編目資料

自信／李意昕編著
－－第一版－－臺北市：知青頻道出版；
紅螞蟻圖書發行，2008.12
面　　公分
ISBN 978-986-6643-50-7 (平裝)

1.女性 2.自信
544.5　　　　　　　　　　　　97021156

自信

作　　者／李意昕
美術構成／林美琪
校　　對／周英嬌、楊安妮、朱慧蒨
發 行 人／賴秀珍
榮譽總監／張錦基
總 編 輯／何南輝
出　　版／知青頻道出版有限公司
發　　行／紅螞蟻圖書有限公司
地　　址／台北市內湖區舊宗路二段121巷28號4F
網　　站／www.e-redant.com
郵撥帳號／1604621-1　紅螞蟻圖書有限公司
電　　話／(02)2795-3656 (代表號)
傳　　眞／(02)2795-4100
登 記 證／局版北市業字第796號
數位閱聽／www.onlinebook.com
港澳總經銷／和平圖書有限公司
地　　址／香港柴灣嘉業街12號百樂門大廈17F
電　　話／(852)2804-6687
新馬總經銷／諾文文化事業私人有限公司
新 加 坡／TEL:(65)6462-6141　FAX:(65)6469-4043
馬來西亞／TEL:(603)9179-6333　FAX:(603)9179-6060
法律顧問／許晏賓律師
印 刷 廠／鴻運彩色印刷有限公司
出版日期／2008年 12 月　第一版第一刷

定價 220 元　港幣 73 元

ISBN 978-986-6643-50-7　　　　　　Printed in Taiwan